解密道家思想的处世

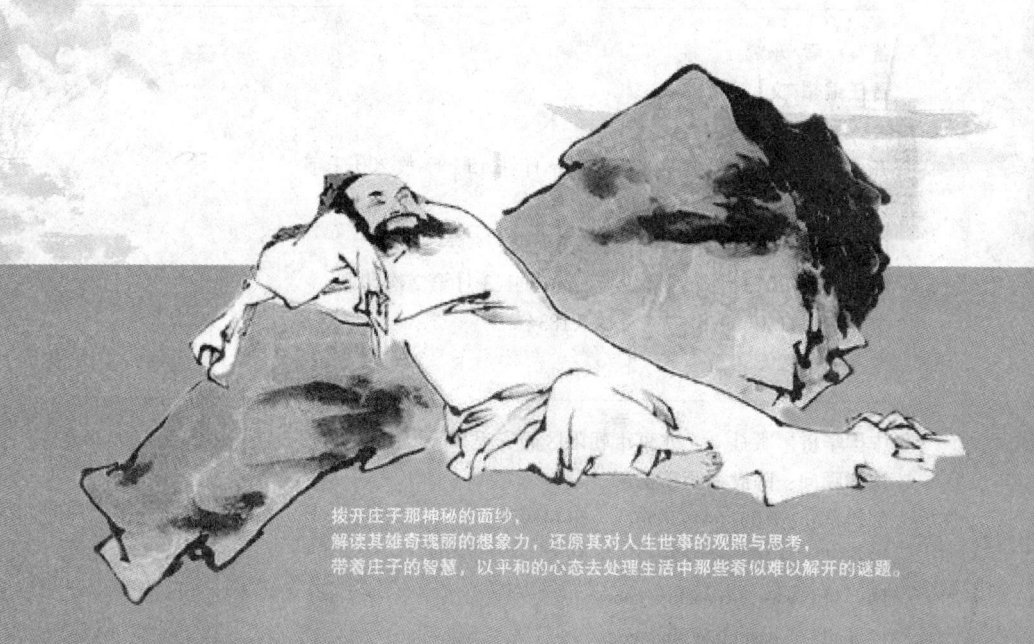

我给庄子做专访

东篱子 / 著

拨开庄子那神秘的面纱，
解读其雄奇瑰丽的想象力，还原其对人生世事的观照与思考，
带着庄子的智慧，以平和的心态去处理生活中那些看似难以解开的谜题。

中国华侨出版社

图书在版编目（CIP）数据

我给庄子做专访/东篱子著.—北京：中国华侨出版社，2011.12
ISBN 978-7-5113-1834-3

Ⅰ.①我… Ⅱ.①东… Ⅲ.①庄周（约前369~前286）-哲学思想-研究 Ⅳ.①B223.55

中国版本图书馆 CIP 数据核字（2011）第 221637 号

我给庄子做专访

著　　者/东篱子
责任编辑/文　筝
经　　销/新华书店
开　　本/710×1000 毫米　1/16　印张 15　字数 200 千字
印　　数/5001-10000
印　　刷/北京一鑫印务有限责任公司
版　　次/2013 年 5 月第 2 版　2018 年 3 月第 2 次印刷
书　　号/ISBN 978-7-5113-1834-3
定　　价/29.80 元

中国华侨出版社　北京市朝阳区静安里26号通成达大厦3层　邮编100028
法律顾问：陈鹰律师事务所
编辑部：(010) 64443056　64443979
发行部：(010) 64443051　传真：64439708
网　址：www.oveaschin.com
e-mail：oveaschin@sina.com

前言

中国历史上,庄子是一位难得的圣人。庄子的思想以"寓言"为主要表现形式,并借助河神、海神、云神、元气,甚至鸱鸦狸狌、山灵水怪等,演绎出一个个充满哲理的故事。他那天马行空的想象力,他那辛辣恣肆的笔触,他那明晰世事的思想,为后世留下了一笔难能可贵的精神财富,让人栖息,让人驰骋。

然而,这样的一位圣人留给后人可以考证的行踪却是甚少的,庄子(约前369 – 前286),名周,战国时思想家、哲学家和文学家。他是道家学说的主要创始人,与道家始祖老子并称为"老庄",他们的哲学思想体系,被思想学术界尊为"老庄哲学"。庄子曾做过漆园吏,后来因厌恶政治,最终脱离仕途,靠编草鞋糊口,从此过起了隐居生活。庄子一生著述十余万言,书名《庄子》,也称《南华经》。

历史上关于庄子的资料并不多,但其所留下的巨著《庄子》一书却备受人推崇,成为不可逾越的哲学高峰。无论帝王将相,还是达官贵族,抑或普通百姓都视此书为智慧的高峰,让人难以企及。庄子之语,辩论色彩浓厚,或褒或贬,总是以暗示的形式将答案说出,给人以广阔的想象空间，可以做出多重的、创造性的解读，每个人听后都会各自产生不同的理解。

时光飞逝，到了今天，庄子的思想对我们今天的读者又将具有怎样的意义呢？拨开他那神秘的面纱，解读其神奇的想象力，还原于人生世事的观照与思考，带着庄子的智慧以平和的心态去处理生活中那些看似难以解开的问题，从而让人们以一种平和的心态去开悟。

本书从紧守心斋、悠闲自适、适时无为、养身养心等八个方面对庄子的处世之道、心灵之道进行了鞭辟入里的分析，并辅之以古今经典事例，同时采用浅显易懂的叙述进行讲解，联系现实生活中人们的各种处境去感悟庄子的人生智慧，从而为自己的人生之路平添出更加绚丽的华章！

目录

第一章 紧守心斋，生命不能太负重

　　我们的心往往都是向外追逐，追逐许多东西而不知道回头。我们的心如果充满各种欲望的话，它就是乱糟糟的；把所有的欲望都排除掉之后，它自然就虚了，虚了之后它自然就静下来。静下来有什么好处呢？水如果静下来，就可以当镜子来用，照出一个人长什么样子。我们的心也是一样，从虚到静再到明，心若澄明的话，宇宙万物皆在我心中，一眼就能看到真相。

专访一：给生活减减肥 …………………………………… 2
专访二：虚名终是人生的羁绊 …………………………… 5
专访三：面对欲望需淡然 ………………………………… 8
专访四：不攀不比做自己 ………………………………… 11
专访五：让心灵宁静而淡泊 ……………………………… 15
专访六：打破心灵的牢笼 ………………………………… 18

专访七：守护心灵，自求吾心 ………………………………… 21

专访八：用平常心享受非常事 ………………………………… 23

专访九：人为外物所动，只是浅薄 …………………………… 26

第二章　优游自适，心逍遥于万物之上

　　庄子提出的游世的生存方式是一种积极的生存方式。逍遥于生死，逍遥于世俗，逍遥于精神。这种生存方式不是"不认真"或"放弃认真"，而是以一种不同于"用世"的认真，让我们的身心都能够优悠自在。通过学习这种逍遥思想的积极意义，可以使现代社会中的我们更快乐、更健康地生活，能够更好地获得人生的意义。

专访十：坐忘人生事，心迹了无痕 …………………………… 30

专访十一：随风逍遥，快乐人生 ……………………………… 32

专访十二：放得下的快乐 ……………………………………… 35

专访十三：放松心灵，无忧无虑天地间 ……………………… 39

专访十四：生命，各有各的乐 ………………………………… 42

专访十五：尊严的价值高于钱财 ……………………………… 44

专访十六：心界要广阔 ………………………………………… 47

专访十七：快乐是一种自我感觉 ……………………………… 51

专访十八：心性旷达，超然于外物之上 ……………………… 55

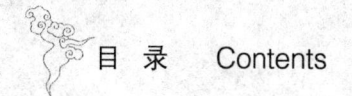

第三章　适时无为，则无不为

庄子是最难得的开悟者之一，庄子认为无论治国还是做人，都要"无为"。庄子对于世界上一切对立事物的看法，生死、美丑、错对……主张的是放弃一切差别观念，获得精神上的绝对自由。这种思想表面上看的确有些"消极"，但这是对人生的另一种选择，也是另一种更加精彩的活法。虽然它与当今时代崇尚的东西并不相同，但绝不能因此将其视之为"消极"。庄子的这种无为思想在一定程度上为步伐急促的现代人找到了一丝精神上的宁静。所以，在一定意义上来说，这种无为思想更是当今人静守心灵的智慧宝典。

专访十九："无用"之用 …………………………………… 60

专访二十：低调是一种高明的智慧 ………………………… 63

专访二十一：不争是一种境界 ……………………………… 67

专访二十二：智者强屈尊，愚者强伸头 …………………… 72

专访二十三：大智若愚 ……………………………………… 75

专访二十四：谦虚是一种明智之举 ………………………… 78

专访二十五：无用与有用 …………………………………… 83

专访二十六：聪明反被聪明误 ……………………………… 86

专访二十七：转个"弯"看问题，才能看到全貌 ………… 89

专访二十八：无为而治 ……………………………………… 92

第四章　养生养心，生命健康

一个人如何理解生命，如何理解生命和外物的关系，这对于养生来说是最根本和重要的东西。在庄子看来，养生主要并不在于养形而是养心，在于全性保真。世间没有一种财富，能胜过身体的健康；也没有一种快乐，能超过内心的喜悦。心中喜乐是人的生命，是圣德的无尽宝藏。人心愉快，可享长寿。

专访二十九：远离世间纷扰，保持元气 …………… 98

专访三十：养生之道重在顺应自然 ………………… 101

专访三十一：清静无为可以养生 …………………… 104

专访三十二：大喜不喜，大怒不怒，可以养心 …… 109

专访三十三：好音乐大有妙处 ……………………… 112

专访三十四：动静结合养生 ………………………… 116

专访三十五：节制食色 ……………………………… 119

专访三十六：天人合一 ……………………………… 121

专访三十七：外化也是一种养生 …………………… 125

专访三十八：生命是一种气化 ……………………… 128

第五章　温馨常乐，幸福比成功更重要

庄子哲学以完整生命为起点来思考世人应当如何享受自由的幸福生活，他认为只有以通达的精神超越现实世界，才能获得无限的精神自由

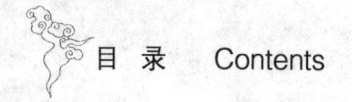

和心灵宁静，并最终获得绝对的幸福体验。庄子哲学本质上是一种生命哲学、幸福哲学，这种思想无疑是为当今世人提供了一种获得幸福的最佳选择。

专访三十九：立身立心，以孝为先……………………… 134
专访四十：给自己留一处桃花源…………………………… 137
专访四十一：幸福不是拥有，而是一种满足……………… 140
专访四十二：善待他人，尊重自己………………………… 143
专访四十三：随遇而安，走出超重的生活………………… 146
专访四十四：得而不喜，失而不忧………………………… 149

第六章　与自己和谐，与自然和谐

庄子说："借助于人为而抛弃天然……将会被细末的琐事所役使，将会被外物所拘束。而了解天然之乐的人，生，能顺应自然而行动；死，可混同万物而变化。静处时，他能和阴虚同寂寞；行动时，他能和阳实同奔涌。"所以，人应该是如草木一样生活在自然之中，不要想那么多，让我们的内心更平和一些，对生存的环境更友好一些，对大自然更亲近一些。这样的状态就是最和谐的，而这也正是天人合一的境界。

专访四十五：让生命顺其自然……………………………… 154
专访四十六：天人合一……………………………………… 157
专访四十七：万物万性，我有我命………………………… 160
专访四十八：做自己的主人………………………………… 164

专访四十九：不苟求，便获得自我成全 …………… 166
专访五十：生活在潇洒之中 …………………………… 170
专访五十一：简单是大智慧 …………………………… 172
专访五十二：识人先识己，识己先识心 ……………… 175

第七章　君子之交，清淡如水

《庄子·山木》："君子之交淡若水，小人之交甘若醴。君子淡以亲，小人甘以绝。"意思是说，君子之间建立在道义基础上的交情高雅纯净，清淡如水。然而，很多人交朋友走极端，要么现用人现交人，要么就是用过之后就将人抛之脑后，这都是不对的。君子之间的交往应当不含任何功利之心，他们的交往纯属友谊，这样的交往才能让人感到长久而亲切。

专访五十三：知己难求 …………………………………… 180
专访五十四：友谊要在淡中求真 ………………………… 185
专访五十五：友情要保有弹簧距离 ……………………… 188
专访五十六：朋友交往掌握好分寸 ……………………… 191
专访五十七：朋友之间不要以利益来计算 ……………… 195
专访五十八：朋友资源可用但不可透支 ………………… 199
专访五十九：距离产生美 ………………………………… 201

目录　Contents

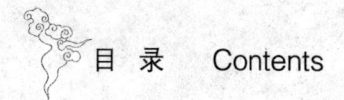

第八章　勘破生死，珍爱生命

庄子曾说"死生，命也，其有夜旦之常，天也"。意思是说人的生死和白天黑夜一样，是自然现象，是不可避免的。在庄子的逻辑学里，生是死的酝酿，而死则意味着表演闭幕。庄子把生死理解成一种循环。我们的生，只是一个灵魂带着某个面具在世间这个舞台上活动；我们的死，则是这个灵魂摘下了面具等待舞台下观众的命令，等待他要上演的下一个角色安排。庄子不贵生贱死，但也绝不轻生，绝不去刻意追求死亡，因为那将同样有悖自然之理。他希望的是，人们能抛开心中的生死之思，自在逍遥地活着。

专访六十：看透生死，演绎华彩人生……………………206
专访六十一：人生就是一场梦……………………………209
专访六十二：生命需要支点………………………………211
专访六十三：活在当下……………………………………214
专访六十四：把生命当做一次快乐的旅行………………218
专访六十五：世间并无永恒………………………………221
专访六十六：珍重生命……………………………………224

第一章
紧守心斋，生命不能太负重

我们的心往往都是向外追逐，追逐许多东西而不知道回头。我们的心如果充满各种欲望的话，它就是乱糟糟的；把所有的欲望都排除掉之后，它自然就虚了，虚了之后它自然就静下来。静下来有什么好处呢？水如果静下来，就可以当镜子来用，照出一个人长什么样子。我们的心也是一样，从虚到静再到明，心若澄明的话，宇宙万物皆在我心中，一眼就能看到真相。

专访一：给生活减减肥

【引子】

惠子相梁，庄子往见之。或谓惠子曰："庄子来，欲代之相。"于是惠子恐，搜于国中，三日三夜。

庄子往见之，曰："南方有鸟，其名为鹓鶵，子知之乎？夫鹓鶵发于南海而飞于北海，非梧桐不止，非练实不食，非醴泉不饮。于是鸱得腐鼠，鹓鶵过之，仰而视之曰：'吓！'今子欲以子之梁国而吓我邪？"

——《庄子·秋水》

惠子在梁国做宰相，庄子前往看望他。有人对惠子说："庄子来梁国，是想取代你做宰相。"于是惠子恐慌起来，在都城内搜寻庄子，整整三天三夜。

庄子前往看望惠子，说："南方有一种鸟，它的名字叫鹓鶵，你知道吗？鹓鶵从南海出发飞到北海，不是梧桐树它不会停息，不是竹子的果实它不会进食，不是甘美的泉水它不会饮用。正在这时一只鸱鹰寻觅到一只腐烂了的老鼠，鹓鶵刚巧从空中飞过。鸱鹰抬头看着鹓鶵，发出一声怒气：'吓！'如今你也想用你的梁国来怒叱我吗？"

【专访】

不入仕途，追求逍遥，庄周想忘记人世的一切，达到"忘物忘己"的最高境界，不悦生，不厌死，任性发展。不过，这是很难办到的。尽管他有随遇而安的旷达态度，但他总还有不安的时候、不可逍遥的时候、躲不开人世间矛盾的时候。自己到底要做一个什么样的人，到底抱有什

第一章　紧守心斋，生命不能太负重

么样的处世态度？放聪明一些好，还是装得糊涂一些好？他总是在考虑。

然而，对于当今的人来说，想要做到这样并非人人皆可，因为当今社会的很多不确定因素困扰着人的生活，有时候又往往将人的生活载入一种欲望的漩涡而不能自拔。基于此，我们提出了优游自适，心逍遥于万物之上。

什么是逍遥呢？

逍遥并不是我们平时所说的潇洒，它是一种心灵上的悟性，是让心灵进入到一种自由和快乐的状态中去，抛开那些所谓的烦恼，让自己感到轻松、自然。逍遥人生的生命风格，首先是对人身心劳苦的一种解脱、一种处世风格上的拨正，从人生的本来意义上，使人回到贵真全性的真人品格上来。

那么怎样才能使自己的心逍遥于万物之上呢？

庄子曾经在《逍遥游》中说过这样一句话："故九万里，则风斯在下矣。"意思是，在空中自由遨游，在风中翱翔，无拘无束，自由自在，方可逍遥畅游。鲲要化为鹏，必须借助风力，但又要在最紧要关头弃风而飞翔，否则会被风力控制。然而，很多的时候，说与做有着很大的不同，而且其中的难度往往也相差很多，所以，如果我们仅仅是这样空谈"逍遥"，那么很多人也许会感到茫然，因此，我们来深入地解读一下逍遥的四层境界。

逍遥游的第一层境地是：待风。鲲虽然从小鱼变成了大鱼，但并不表示它可以自由自在像鸟儿一样飞翔，因为它还欠缺一样东西，就是风。由此可见，风是鲲能够展翅高飞的一个必要条件。而如果将这个道理与我们的现实生活一起来解读，那么这其中蕴含的道理就是：人生就如同鲲一样，需要不断地积累，只有条件充足了，人才会取得成就。正所谓"伏久者飞必高"。

逍遥游的第二层境界是：乘风。乘风的意思很直白，就是风来了，我就可以飞翔了。经过待风这段时间的等待，此时，风终于来了，终于可以飞翔。但飞翔并不等于见风就可以飞，此时，你需要具备的是辨别风的能力。你要看懂风向，同时你还要看清这种风的大小，而不能贸然前行，认为只要是风就上，这种做法是不可取的。此外，懂得了辨风，下一步你就可以乘风了，在那时候，鲲必须全力一搏，飞腾而起，趁风的运动、趁海的运动飞起来，就可以变成鹏，昂首天外。而这种道理用现代的观点来说就是要具有慧眼，要善于发现并把握机会，这样，你才能达到理想的飞翔高度。

逍遥游的第三层境界是：背风。背风是在鹏乘风之后而发展到的一个阶段。此阶段，鹏与风已经融合到一起，鹏随风而飞翔，一直飞行了9万里。但随着飞翔的里程越来越远，鹏也渐渐开始对自身有了新的看法，它认为自己完全可以脱离风的主宰，拥有自己独立的发展空间。于是，它一个侧身，借风的弹力飞到了风的上面。这时，鹏在风上。而这种道理，用现在的观点来说就是通过一段时间的积蓄，很多人不断成长，并且在成长中不断产生自己的新思想，伴随着这种新思想的产生以及对事物认识能力的提高，那么，人也就开始渐渐想要谋求独立，谋求发展。

逍遥游的第四层境界是：弃风。弃风的意思很简单就是摆脱风的控制，将其抛开。但事物的发展规律是这样的，虽然一个人经过一段时间的发展，他的思想意识已经提高了很多，但这并不表示，你就完全可以摆脱掉原来依附的东西，因此，它现在还要跟着你，所以，很难摆脱。然而，依风而行，不是真正的飞翔。真正的飞翔是静止的飞翔。群星都是本身不动，而投身于轨道中，自然可以随天运行。凡有翅膀的都飞不快。要想真正地飞翔就不能靠自己飞，要借助更大的力，那就是大道之运行，也就是我们所说的天时。因此，我们需要借助的是更大的风，那就是天时。只有借助天时，鹏才可以真正飞翔。此时，不再因乘风而狂乱，以一颗宁静的心进入永恒。

第一章　紧守心斋,生命不能太负重

【专访总结】

逍遥人生是很多人内心所期望的,但这并不是人人都能达到的,因为人生存在这个世界上,首先需要满足的就是基本的衣食住行,而使得这些基本的衣食住行得到满足,并不是一件容易的事情。因为,在这个过程中,人还会遇到许多困境,这些困境需要人的隐忍。由此可见,想要逍遥,这又是何等艰难。但是,人总是生活在追求中,所以,从古至今关于逍遥人生的追求都从未间断过。逍遥人生,更重要的是要把人们从心造的笼子里解救出来。是的,人生在世,生存尚且不易,生存之外又要背上人际关系、等级观念、繁文缛节等重负。人为什么不想想,在当初一声赤子坠地的啼哭里,大家不都是一样的人吗?往后,为什么不能真诚相见、开颜谈笑、逍遥一下呢?

专访二:虚名终是人生的羁绊

【引子】

尧让天下于许由,曰:"日月出矣,而爝火不息;其于光也,不亦难乎?时雨降矣,而犹浸灌;其于泽也,不亦劳乎?夫子立而天下治,而我犹尸之;吾自视缺然,请致天下。"

许由曰:"子治天下,天下既已治也;而我犹代子,吾将为名乎?名者,实之宾也;吾将为宾乎?鹪鹩巢于深林,不过一枝;偃鼠饮河,不过满腹。归休乎君,予无所用天下为!庖人虽不治庖,尸祝不越樽俎而代之矣。"

——《庄子·逍遥游》

尧想把天下让给许由，他说："太阳和月亮都已升起来了，而小小的火炬还不熄灭，用它的微弱光亮与太阳和月亮相比，不是很没道理吗？雨适时普降，可是人们还靠人力来浇水灌溉，这样的人工灌溉不显得徒劳吗？先生如果能居于国君之位，天下一定能获得大治；而我空居其位，我自认为能力不强，请允许我将天下交给您。"

许由回答说："你治理天下，天下已经获得大治，而让我去替代你，是图名声吗？'名'不过是'实'衍生而来的次要东西，我所追求的是这样的东西吗？鹪鹩在森林中筑巢，只占用一根树枝；鼹鼠到大河边饮水，也只不过是装满肚子。你还是打消这个念头吧，天下对我来说没有什么用处！厨师即使不下厨，祭祀主持人与执礼的人也不会越位去代他来烹调。"

【专访】

从这里，我们可以对庄子的人生哲学有一定的了解。在他看来，人间的是是非非、功名利禄都是过眼云烟。庄子说："'名'不过是'实'衍生而来的次要东西，我所追求的是这样的东西吗？鹪鹩在森林中筑巢，只占用一根树枝；鼹鼠到大河边饮水，也只不过是装满肚子。"用一句话来概括也就是说"弱水三千只取一瓢饮"，我所拥有的不过是其中的一点点罢了，而这些也往往被虚名所笼罩，导致人们仅仅看到其中虚的一面，而忽视了其中的实的一面。人在成名以后，就会丧失原本自由的权力，而自由自在的生活也就随之消失了。所以，如果你是一个聪明人，就要尽量躲避虚名的牵绊。

可以说，荣辱二字也好像试金石，将人生百态、高低贵贱都划分出来。然而，这种试金石往往会给人带来无限的烦恼，为什么这么说呢？

以外部的虚名来划分荣辱的人，虽然没有具体的标准，但他们对利益的看重方式都是相同的，他们所追求的往往仅仅是表象，而忽略了主

第一章　紧守心斋，生命不能太负重

观、内在、可变的因素，从而导致很多事情往往发生了扭曲，使得人们对虚名过分地关注，而忽略了其他生活中的美好，这样，最终得到的将永远是烦恼和难以抹去的悲苦。

庄子在《徐无鬼》篇中说："钱财不积则贪者忧；权势不尤则夸者悲；势物之徒乐变。"其意思是说，如果你过分追求钱财，那么你就会因为钱财永远达不到你的要求而忧虑，因为你的贪心是永远难以用钱财来添满的；而追求地位的人常常因为自己的职位难以达到一定的高度而伤感；追求权势的人，常常因为无法达到自己的要求而充满野心。对此种状况，庄子予以的回答是："不为轩冕肆志，不为穷约趋俗，其乐彼与此同，故无忧而已矣。"其大意是，人生存在这个世间，不要总是对外界的官爵耿耿于怀，要懂得拥有一种达观的心态，让这种心态主宰自己的人生，而这样你也就不会被外物羁绊。

那么，针对这种现象，庄子又提倡什么呢？

针对于此，庄子提出了"至誉无誉"的主张。什么意思呢？庄子认为，人生最大的荣誉就是没有荣誉，将荣誉看淡、看轻，不要总是为了一点点的名誉而斤斤计较，就像当今很多人捐了钱生怕别人不知道自己捐钱一样，非要大张旗鼓，弄得满城风雨。庄子说，这都是不应该的。地位、名声算得了什么，即使你做了好事，也不要常常挂在嘴边，让所有人都知晓。《庄子·刻意》篇中说："众人重利，廉士重名，贤士尚志，圣人贵精。"意思是说，如果你看重小小的利益，那么你就是平庸之辈；如果你看重名声，你就是清廉的人；而如果你看重节志，说明你是贤德之人；而如果你看重纯正，那么你就堪称是圣洁之人。因此，在庄子的意识中，他提倡隐居，提倡过悠闲自在的生活，不希望人们总是将荣辱挂在嘴边，对这些有着狂热而执著的追求。追求恬淡的人，不会患得患失，斤斤计较，没有强烈的物欲，于是邪恶就不会侵袭他的身心。

尽管庄子的"无欲"和"无誉"观有很多偏激之处，但当人们为金钱所诱惑，为官爵所累的时候，何不从庄子的训喻中挖掘一点值得效法和借鉴的东西呢？

【专访总结】

自古以来胸怀大志者多把求名、求官、求利当做终生奋斗的三大目标。三者能得其一，对一般人来说已经终生无憾；若能尽遂人愿，更是幸运之至。然而，"布衣可终身，宠禄岂足赖"，一切全是过眼烟云，荣誉已成过去时，没必要夸耀，更不足以留恋，这才叫潇洒自如，顺其自然。一个人，当你凭自己的努力和实干，凭自己的聪明才智获得了应得的荣誉、奖赏、爱戴、夸赞时，应当保持清醒的头脑，有自知之明，切莫受宠若惊，飘飘然，自觉霞光万道。

专访三：面对欲望需淡然

【引子】

庄周游于雕陵之樊，睹一异鹊自南方来者，翼广七尺，目大远寸，感周之颡而集于栗林。庄周曰："此何鸟哉，翼殷不逝，目大不睹？"褰裳躩步，执弹而留之。睹一蝉，方得美荫而忘其身，螳螂执翳而搏之，见得而忘其形；异鹊从而利之，见利而忘其真。

庄周怵然曰："噫！物固相累，二类相召也！"捐弹而反走，虞人逐而谇之。

——《庄子·山木》

庄子在雕陵栗树林里游玩，看见一只奇异的怪鹊从南方飞来，翅膀

第一章 紧守心斋,生命不能太负重

宽达七尺,眼睛大若一寸,碰着庄子的额头而停歇在果树林里。庄子说:"这是什么鸟呀,翅膀大却不远飞,眼睛大视力却不敏锐,撞到了我的额头都没有注意到?"于是提起衣裳快步上前,拿着弹弓静静地等待着时机。这时庄子突然看见一只蝉正在浓密的树荫里美美地休息,而忘记了自身的安危;一只螳螂用树叶作隐蔽打算见机扑上去捕捉蝉,螳螂眼看即将得手而忘掉了自己形体的存在;那只怪鹊紧随其后认为那是极好的时机,眼看即将捕到螳螂而又丧失了自身的真性。

庄子正要拉开弹弓瞄准它,又突然惊恐而警惕地说:"啊,事物之间原来就是如此地互相牵连,背后竟有这么多的隐患!"于是庄子扔掉弹弓转身快步而去看守栗园的人大惑不解地在后面追着责问。

【专访】

人世间的争斗自古有之,而人无时不刻不存在于争斗中,蝉—螳螂—大鸟—庄子—栗子园守庄园的人,看到这里,庄子颇有感触。他心想,为了这么一点蝇头小利而牺牲了自己的生命,这太不值得了。而在此刻,庄子突然意识到自己也陷入了这种危险的境地,为了捕住这只大鸟,他也忘记了自己的周围环境,忽视了自己所处的境地,因为很可能自己也正被当做猎物呢。这里,我们可以看出庄子在利益面前的生存智慧。同时,我们也可以看出,物欲对人的危害。一个人一旦有了欲望,那么,他就会被这种欲望而迷失自己;一旦这样,他的心志也就随之被迷失了;心志一旦迷失,那么,他自己也就随着迷失了。

面对这种欲望,如何将这种欲望简化到最少呢?如何才能使自己的内心保持一份平和与宁静呢?

这是一个很重要的问题。试想,一个人生存在这个世界上,为什么会产生"欲望"?很简单,就是因为人的心里藏有欲望的种子。从某种意义上说,欲望越多,而人的内心所感受到的痛苦也越多。欲望并不是想当然就能得到或者能够实现的，一旦自己的欲望无法得到实现，那么，人到最后可能就会被自己的欲望所累，而使自己终生陷入欲望的漩涡之中。这样的人生恐怕并不是人最初的本心，违背了人最初的本心，那么，人就会感到很累，而这就是欲望惹的祸。

古人说："养心莫善于寡欲。"我们如果能够把握住自己的心，驾驭好自己的欲望，不贪得、不觊觎，做到寡欲无求，役物而不为物役，生活上自然能够知足常乐，随遇而安了。

《庄子·齐物论》中说："终身役役而不见其成功，恭然疲役而不知其所归，可不哀邪！"这其中的玄机，就靠自己去参悟了。过分的贪取、无理的要求，只是徒然带给自己烦恼而已，在日日夜夜的焦虑企盼中，还没有尝到快乐之前，已饱受痛苦煎熬了。

人的一生，无论你如何被欲望驱使做出有悖自己的事情，也无论你如何被欲望驱使获得更多的财富，然而，仔细想想，所有你得到的这些都会在你离开人世的那一瞬间毫无保留地给了别人，无论受益者是你的亲人还是他人，而陪伴你的仅仅是那一个小小的箱子或者一抔土，这是每个人最终的结局。然而，看着自己最终的结局，仔细想一下，为了满足自己的欲望，活着的时候做出种种错事值得吗？

当然我们并不否认人的正当追求，但如果你将正当追求变成以非法或者卑鄙的手段获得，那么你的这种追求就成了贪婪，而你也成了欲望的奴隶。

生活中的人儿啊，常常口中喊着"累！累！"却从不知松手，从不知放松自己，在筋疲力尽的时候依然不知停留，将自己的体力和精力全部透支干净，不知这样的你是否想过，自己的人生究竟该怎样过。

【专访总结】

每个人的路都是自己走的，一个人内心被欲望驱使，那么他就会不

第一章 紧守心斋，生命不能太负重

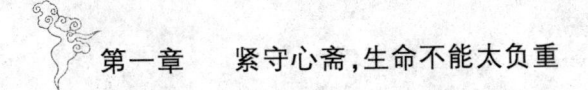

断产生疲倦、忧虑等各种各样的情绪，而他也将很难走出这种疲倦、忧虑的境地。庄子说，人生如"白驹过隙"，生命看似很长，但也许在转瞬间，它就走到了尽头。在这短暂的生命中，你要懂得经营自己的心灵，找到真正的自己，找到自己真正想要的东西，切勿成为欲望的奴隶。

专访四：不攀不比做自己

【引子】

天根游于殷阳，至蓼水之上，适遭无名人而问焉，曰："请问为天下。"

无名人曰："去！汝鄙人也，何问之不豫也！予方将与造物者为人，厌，则又乘夫莽眇之鸟，以出六极之外，而游无何有之乡，以处圹埌之野。汝又何帠以治天下感予之心为？"

又复问。

无名人曰："汝游心于淡，合气于漠，顺物自然而无容私焉，而天下治矣。"

——《庄子·应帝王》

天根闲游殷山的南面，来到蓼水河边，正巧遇上无名人向他求教，说："请教治理天下之事。"

无名人说："走开，你这个见识浅薄的人，怎么一张口就让人不愉快！我正打算跟造物者结成伴侣，厌烦时便又乘坐那状如飞鸟的清虚之气，超脱于'六极'之外，而生活在乌有的地方，居处于旷达无垠的环境。你又怎么能用梦呓般的所谓治理天下的话语来撼动我的心思呢？"

11

天根又再次提问。

无名人说:"你应处于保持本性、无所修饰的心境,交合形气于清静无为的方域,顺应事物的自然而没有半点儿个人的偏私,天下也就得到治理了。"

【专访】

这是无名人的淡泊,即永远调整自己的心境到"空"的境界。

人只要生存在这个世界上,就无法避免会与人进行攀比,而在攀比的过程中也总是希望自己能够获胜。而人也总是在攀比的过程中不经意间流尽自己的生命。然而,静下心来好好想想,人为什么要攀比呢?而又有什么比让自己保持一颗空心、拥有一颗淡泊的心,更能让自己感到充实和满足的呢?

人们究竟在攀比什么呢?也许看了下面这个故事,你就明白了。

一天,一位老大爷赶着一头毛驴外出,结果没走多远,后面就有一个骑马的人追赶上了他,赶驴的老大爷看马赶上了他,心里十分生气,对着驴生气地说:"你这没有用的东西,你和人家都是有四条腿,结果你跑得这么慢,白给你吃饭了!你要是赶不上马,今晚回家不给你吃饭!"可驴怎么能跑得过马呢?如果能跑得过马,当年战场上的厮杀,马就不会成为驰骋沙场的坐骑,而应该被驴取而代之。

然而,当老大爷正在气头上的时候却发现自己超过了一个推车的人。道路崎岖,无论推车人怎样用力,车都难以移动。老大爷骑着毛驴回头看看被自己超过的推车人,心中窃喜,心想,别人能超越我,我也能超越别人啊!

生活中很多人都如同这位老大爷一样总是习惯性地与别人比来比去,生怕自己落在后面,一旦发现别人有了什么,自己也必须拥有,否则就会认为自己没有面子。

第一章　紧守心斋,生命不能太负重

生活中又有什么事情值得去攀比呢?

其实,生活中的很多人都没有一颗宁静的心,他们总是比来比去,穷人比富人,富人比更富的人,同龄人比同龄人等,似乎生活中值得人们去攀比的地方很多。

一个月收入仅仅 1500 元的小伙子,每次去未来的岳母家都要买三四百元的东西,结果一个月下来,买东西的钱就要占去自己工资的 3/4,而剩下的那点钱连他基本的生活都难以维持。问他为什么这么做,他说,因为其他人也都这样做,而自己也必须这样做。其实,这样的人在我们的生活中随处可见。他们总是在与别人攀比,而难以做回自己。

一天,在一处山崖边生长出了一株小小的百合。它刚刚生长出来的时候并不好看,就像一棵遭人遗弃的小草一样,样子难看,十分可怜,别人都不愿意认真地看它一眼,因为它的外表不好看。但小百合知道,虽然自己的样子难看,但自己就是一棵百合,不是野草,它要开出美丽的花朵,向世人证明自己就是一棵美丽的百合。为此,它努力地吸收水分和阳光,深深地扎根,努力地释放内心的能量,并在心里不断地默念着:"我要开花,我要开花,我要用自己的实力向世人证明我就是一朵美丽的百合花。"功夫不负有心人,终于,它开出了美丽的花朵,这为原本满目凋零的悬崖增添了一抹美丽的风景。以后,每年百合都要开花,结子,后来,这个凋敝的峡谷成了百合的谷底,人们把这里命名为"百合谷"。

由此可见,不要总是与他人攀比,要做自己,按照自己的心去做事。这样,你一定会开出美丽的花朵,实现你生命的圆满和美丽。

造成人们攀比的根源是什么呢?

很简单,就是满足我们自私的欲望,攀比使得人的欲望不断提升,而自己的收入又无法满足自己的攀比心态。当这种思想与现实产生差距的时候，人的快乐感就会丧失，人的幸福感也随之消失。我们不懂得愉快地享受每天发生在自己身边的趣事，而是去羡慕和嫉妒别人的快乐，因而失去了许多生活的乐趣。从深层次上来说，这是人内心的一种缺失。

其实，我们并不缺少快乐，也并不缺少幸福。

我们为什么不对自己拥有的平静幸福的生活感到快乐，而要去向往别人的奢华呢？为什么总是去关注富有的邻居，而不享受自己的兴趣爱好呢？你会发现，他们为这种欢娱付出了多么沉重的代价。

【专访总结】

在当今竞争激烈的社会中，很多人被攀比这种东西腐蚀，失去了自我。其实，这是错误的，面对生活，我们只需要找到真正的自己就足够了，没有必要刻意去与别人攀比，追求距离自己很遥远的东西。然而，我们也不得不承认，现实生活中的确有很多人一直生活在别人的影子里，看到别人有什么，而自己却没有，心里就会感到不平衡，为自己徒增无谓的烦恼。

有句话说得好"山外有山，人外有人"，无论你走到任何地方，无论你结识什么样的朋友，如果你一味地与别人进行攀比，那么，你所看到的只能是自己不如别人，这样的人往往也总是处在困苦之中。世界之大，相信自己最重要。只有看清自己，相信自己，你才会发现自己的优点，而这些往往也是他人所不具备的，这样你才能活得潇洒，找到属于自己的真正快乐。

第一章　紧守心斋,生命不能太负重

专访五：让心灵宁静而淡泊

【引子】

不刻意而高，无仁义而修，无功名而治，无江海而闲，不道引而寿，无不忘也，无不有也，澹然无极，而众美从之。此天地之道，圣人之德也。

——《庄子·刻意》

不需磨砺心志而自然高洁，不需倡导仁义而自然修身，不需追求功名而天下自然得到治理，不需避居江湖而心境自然闲暇，不需舒活经络气血而生命自然长久，没有什么不忘于身外，而又没有什么不据于自身，宁寂淡然而且心智从不滞留一方，而世上一切美好的东西都汇聚在他的周围。这才是像天地一样的永恒之道，这才是圣人无为的无尚之德。

【专访】

在当今的社会中，很多人都处在一个紧张而快节奏的生活中。在这种生活中，很多人由于压力的原因而产生浮躁的心理，而有些人却明智地选择了让自己的心保持宁静和淡泊。其实，这是一种对自我的准确把握和定位。

选择宁静而淡泊的生活方式是一种严肃和庄重，是一种修养。因为人生百态，迥然不同：或浓墨重彩，大起大落，轰轰烈烈；或耕读人生，清风细雨，夕阳远山。激昂是人生，散淡也是人生，淡泊可寄情山水，也可寓意花鸟鱼虫。同是飘摇细雨，明月繁星，有人看得着，有人看不到；俯仰之间，可落花有情，流水无意，这就是心境的不同啊！

宁静而淡泊的人生是怎样的呢？

宁静而淡泊的人生是一种气度，一种志向，一种修养，是人生的一种智慧和策略。让心灵保持宁静和淡泊，那么，在生活中，我们就能保持一份恬淡，不居功自傲、不愤世嫉俗、不贪图享乐……生得潇洒，活得从容，它不需要什么特定的模式，也不需要什么严格的规范，它就是一种坦荡，一种自然，一种不迫，一种执著的超脱。陶渊明的诗"采菊东篱下，悠然见南山"是一种对自身淡泊的最好诠释；颜回的"一箪食，一瓢饮，不改其乐"也是一种对淡泊的追求；弘一法师的"咸有咸的味，淡有淡的味"更是一种对淡泊心境的最好写照。然而淡泊的心境并非人人都能拥有，倘若一个人能从生活中品味出淡的滋味，以这个味道垫底，那么这个人就找到了生活的大智慧。

那么，如何守护好这份宁静淡泊呢？

古人云"遍阅人情，始识疏狂之足贵；备尝世味，方知淡泊之为真"。意思是看遍了人情的冷暖，才认识到旷达闲逸十足可贵；备尝了世间味道，才知道了恬淡寡欲实在真切。

这是修身养性的至高境界，也是道家清静无为的处世思想。心灵宁静淡泊是一种很美好的心境，是浮华散尽之后的怡然自得，是一种历经了冷暖、世态炎凉之磨难后的感悟，是在经历了生活的种种之后的一种沉淀，是一种真实的自我状态，是一种对个性的追求，更是一种桀骜不驯、超然脱俗的情怀。

生活的艺术就在于懂得保持宁静而淡泊，生活既让我们依赖于它的很多恩赐，但同时也让我们限定了依赖的程度，正如洪应明在《菜根谭》中所写的"涉世浅，点染亦浅；历事深，机械亦深。故君子与其练达，不若朴鲁；与其谨曲，不若疏狂"。所以，在生活中，无论你涉世的深浅程度如何，你都应当保持心灵的宁静与淡泊，而不要被外界的

第一章　紧守心斋,生命不能太负重

环境所左右,失去了自己的本心,应当懂得超脱,懂得达观,做到心中无私天地宽,壁立千仞,无欲则刚。

宁静是一种心境,淡泊也是一种心境,而且只有淡泊一切,才可达到宁静的人生。

生命其实就是一种历练,如果你能保持内心的朴实无华,那么,淡泊对你来说就很容易做到;相反,如果你不能保持内心的宁静淡泊,而被外物所累,那么你的心也很难达到超脱。人们常常说这样一句话"生活就是一个大染缸",的确,生活就是一个充满诱惑的染缸,如果一个人把持不住自己,而掉进这个染缸中,那么最终的你也将失去原本的色彩。而当你意识到这一点的时候,却发现自己已经被染成了五颜六色,这对于一个人来说是不幸的。然而,我们也不可否认,生活中有很多人,他们虽然身处在大染缸中,却依然能洁身自好,他们能够走近辉煌,走近繁华,再复出回归淡泊,那已是一种人生大境界,是不容易做到的。就如同一个人吃遍了山珍海味之后,却宁愿回归田园,以粗茶淡饭为乐,享受生命的宁静美好,一切一切的争斗都将在这种宁静中变得模糊,一切一切的欲望都将在这种甜美的生活中变得轻松,一切一切的嫉妒与惆怅都会在这种淡泊中悄悄远去。它拂去人心头的尘埃,让灵魂在这份闲适中变成一座圣洁而清丽的明镜台。

【专访总结】

在当今快节奏的社会中,现代人生活的步调也随之不断加快,为了达到自己期望的高度,为了获得自己想要的成就,为了满足家人的心愿,很多人每天将自己置于忙碌之中,从不会停下匆匆的脚步,似乎只要自己一停下,就会被别人赶上一样。然而,一旦自己想要的这些目标达到之后又怎样呢?此时,他们会感到内心十分空虚。其实,生活是我们自己的,我们不需要违背自己的内心,而按照别人的心思来生活。只要我们能够保持宁静淡泊的胸怀，那么我们就会感到生活的美好，也能免于成为物欲的奴隶。

专访六：打破心灵的牢笼

【引子】

百里奚爵禄不入于心，故饭牛而牛肥，使秦穆公忘其贱，与之政也。有虞氏死生不入于心，故足以动人。

——《庄子·田子方》

百里奚不把官爵奉禄放在心上，所以养牛而牛肥，使秦穆公忘记了他出身低贱，而委之以国事。虞舜不把生死放在心上，所以能感动他人。

【专访】

心斋是什么，心斋就是需要让自己的心静下来，抚平心灵的杂念、困惑。我们的心常常被外物所染，常常跟随别人的心，喜欢追随外物，喜欢寻求刺激。对外界各种各样的东西，我们的心都充满着好奇，有一种志在必得的心态。在这种心态的驾驭下，人的心渐渐失去了航标，生活也渐渐变成一团乱麻，以致忽略了心灵的本真——让它静下来，从虚到静，从静到明。心静了，人的思想就会发生变化，人就能找回自己，回归到自己原本的理想中去，重新主宰自己的生活。就如同水一样，如果水能静下来，那么，在水中，你就能看到自己的真实而清晰的面目。同样的道理，如果你的心能够静下来，那么，此时，你依然能看到自己真实而清晰的内心，一眼就能看透事物的真相，那么，此刻你就能打碎

第一章　紧守心斋，生命不能太负重

束缚自己已久的牢笼，让它回归自由。

由此可见，决定一个人心情的，不在于环境，而在于心境。

针对于此，庄子老先生曾讲了一个有趣的故事。

有一个工匠，他有一项绝活就是雕刻，他雕刻的技艺精湛，雕刻出来的东西完全可以与真实的东西相媲美，两者不相上下。一天，君王看到了他精湛的雕刻技艺，感到十分震惊，问他如何能雕刻得这样逼真？

工匠回答说："在最初的时候，首先要做的就是守斋，三天之后，就会将赏赐或者功名看淡；而守斋五天之后，此刻就会忘记别人对自己的称赞；而七天之后呢，自己的四肢五官也随之忘记了。"

由此可见，心斋是什么，其实就是抛开功名利禄，排除别人对你的称赞，最后再将自己也排除掉，这样你的心就会随之超越。此时，如果你再去雕刻，那么，人原本的功名利禄的念想就会随之消失，而此刻，你雕刻出来的东西就称得上是炉火纯青了。这个时候无论你想雕刻什么，你都会发现一切东西尽在你的掌握之中。所以庄子设法让我们在"心斋"这个层次中忘记自我，从而让自己的心由虚到静再到明。

这就如同一个人生活在喧闹的市区，但无论如何，他都无法找到自己的心。原因是什么？就是因为他无法忘记自己，无法让自己的心保持安静，这样，他做任何事情都难以得到超越，更难以找到自己。对此，我们可以用一个故事来解释。

一天，一位经理到分公司去视察工作。他来到分公司，视察指导了一番，但就在他刚刚要走的时候却发现自己的劳力士手表不见了。他十分着急，因为这块表是他妻子送给他的，意义十分重大。分公司的负责人看到这样的情景，也感到十分尴尬，因为这表毕竟是在自己负责的地方丢失的，自己也难辞其咎，于是，负责人发动全公司的员工前来帮助找表。但整整忙碌了一整天，都没有一个人发现表的踪迹。眼看明天经理就要上飞机了，这又该如何是好。这位经理脸色有些暗淡，员工们也都要下班回去了，就在此时，一个技术部门的主任却自告奋勇地说："大家都回去休息吧，今晚我留下，我相信一定能够找到手表！"这人信心十足。

分公司的负责人说："好吧，那就辛苦你了！"

天色渐渐黑了起来，大家也渐渐进入了梦乡，这个人拿着手电筒一个人在公司里走着。他走着走着，突然，听到一个小小的声音从谷仓的左后方角落传来。

"滴答，滴答，滴答……"

这个人循声而去，然后伏身下来，耳朵贴地，在公司厂房的一个角落里他发现了金表……

这是什么，这其实就是让自己的心由虚到静再到明的过程。

庄子说："人莫鉴于流水，而鉴于止水。唯止能止众止。"为什么不能鉴于流水，很简单，就是因为流水是波动的，而只有停止的水才能鉴人。所以，水平不流，止水澄波，如果能够做到昼夜都在止水澄波中，那么，这样才能使得心灵的修养不断提升。

庄子此刻就是在告诉世人，要懂得修心，要懂得剔除杂念，让心回归到空的状态中，那么，心灵才能回归到平和。

【专访总结】

生活在当今的社会中，人在一生中会遇到各种各样的事情，其中，很多事情也是我们难以解决和预料的。这时，人原本宁静的心可能就会被这些困扰所纠缠，苦苦挣扎而不知如何是好，但如果你能静下来，那么世间的一切牢笼都会打开，而你也会恍然大悟。

第一章　紧守心斋,生命不能太负重

专访七：守护心灵，自求吾心

【引子】

东野稷以御见庄公，进退中绳，左右旋中规。庄子以为文弗过也，使之钩百而反。

颜阖遇之，入见曰："稷之马将败。"公密而不应。少焉，果败而反。

公曰："子何以知之？"

曰："其马力竭矣，而犹求焉，故曰败。"

——《庄子·达生》

东野稷因为善于驾车而得见鲁庄公，他驾车时进退能够在一条直线上，左右转弯形成规整的弧形。庄公认为就是编织花纹图案也未必赶得上，于是要他转上一百圈后再回来。

颜阖遇上了这件事，入内会见庄公，说："东野稷的马一定会翻的。"庄公默不作声。不多久，东野稷果然翻了。

庄公问："你为什么事先就知道一定会翻呢？"

颜阖回答说："东野稷的马力气已经用尽，可是他还要让马拼命奔走，所以一定会翻的。"

【专访】

世间的任何事物能量都是守恒的，如果超过了这个能量，那么，他就可能会损坏或者弄巧成拙。

明代的王阳明曾用"金子"比喻人格，金子的纯度越高，人格的

21

品位就越高。每个人的心中都有几分金子,能否提高金子的纯度,在很大程度上取决于能否清醒地认识自己,保持自我本色。我们常常不惧怕生活中的磨难,却往往因表扬和认同而忘记了心灵的恬适,不断地拼命再拼命。领导表扬了、朋友羡慕了、同事嫉妒了,我们常常就会迷失,忘了自己的限度,难免会像东野稷那样落得一身尴尬。这样的人就是不懂得心道。

庄子是如何谈论"心"道的呢?

庄子曾多次谈到过"心",从这里我们可以看出庄子对心的重视。然而,庄子为什么如此重视心呢?主要就是因为心能够决定一个人的人生观。如果你懂得呵护自己的心,那么你的人生观就是潇洒而自由的;相反,如果你不懂得呵护自己的心,那么,你的心就是狭隘而拘谨的,这样,你就很难进入庄子所提倡的潇洒境界。

卡滋斯曾说:"笑具有惊人的效果,如果能够从心底里发出笑声,并持续10分钟,便会产生诸如镇痛剂一样的作用,至少可以解除疼痛两小时,安安稳稳地睡觉。"

其实,这种说法在很大的程度上来说是值得认可的。很多事情根本没有快乐和痛苦之分,之所以人们会有快乐和痛苦的心境,主要是因为人本身的心态问题。同一件事,你从不同的角度看,就会有不同的感受。

潮起潮落、冬去春来、日出日落、月圆月缺、花开花谢、野草荣枯,自然界万物都在循环往复的变化中,而人也不例外,人的心态也会时好时坏。

因此,你不妨在沮丧时转变一下自己的心态,多看一些自己所拥有的,从不利的事情中发现有利,这样你的每一天都会充满幸福和欢乐。如何在不利的事件中看到有利的一面,是生活中的智慧;如何在不利的事件中看到更多的有利,是大智慧。

第一章　紧守心斋，生命不能太负重

庄子认为，一个拥有"圣人般虚淡的心境"的人，才能称得上是真正修为有成之人；否则，只能活在别人的影子下，跟随着别人的脚步走路，而永远也找不到自己的世界，当然，也就很难拥有醒悟的时候。所以说，一个人只有学会了守护自己的心灵，懂得感悟自己的心，这样才能拥有像庄子一样达观的人生。

古人说，不以物喜，不以己悲。生活本是一杯平淡的茶水，需要用一生时间来品味出其中的甘甜与芳醇。有的人品出了它清淡而幽雅的味道，生活中始终抿着嘴微笑。有的人却不甘臣服于这种平淡，大口大口尝试着各种浓烈而辛辣的酒，或沉醉于一时的快意，或大口大口地呕吐，然而这种大起大落必然伤身。

【专访总结】

生活中的烦扰很多时候都将我们的内心给占领了，生活的琐事、工作的烦恼、学业上的忧心、爱情上的不解、经济上的困顿……很多很多的事情将我们的内心全部占领，而使得我们在更多的时候忘记了倾听一下自己的心灵，进而忽视了自己的内心。生活是心灵的修炼场，无论何时，我们都需要将自己的心灵守护好，这样，我们才能谈得上潇洒的境界。

专访八：用平常心享受非常事

【引子】

狙公赋芧曰："朝三而暮四。"

众狙皆怒。

曰："然则朝四而暮三。"

众狙皆悦。

名实未亏而喜怒为用，亦因是也。是以圣人和之以是非而休乎天钧，是之谓两行。

——《庄子·齐物论》

养猴人给猴子分橡子，说："早上分给三升，晚上分给四升。"

猴子们听了非常愤怒。

养猴人便改口说："那么就早上四升晚上三升吧。"

猴子们听了都高兴起来。

名义和实际都没有亏损，喜与怒却各为所用而有了变化，也就是因为这样的道理。因此，古代圣人把是与非混同起来，优游自得地生活在自然而又均衡的境界里，这就叫物与我各得其所、自行发展。

【专访】

世人都应学取平常心，这是一个大智慧。平常心让我们懂得如何面对失去，如何在失去的时候达到与万物的统一。

然而，在生活中，我们为什么需要拥有一颗平常心呢？

举个例子来说，很多人可能都有过这样一种感觉，当你在给缝衣针穿线的时候，你越是想一次就穿过，越是难以穿进去。这是什么原因呢？很简单，就是因为我们的目的性太强。生活中的许多事情往往因为我们过重的目的性而导致以失败而告终，这是再正常不过的事情。相反，如果你以平常心来做一件事情，很多时候在常人看来很困难的事情，禅宗师傅们最爱在你这里反而能顺其自然地解决好。

"云在青天水在瓶"是拿来启发学人的一句诗偈，为人处世应该有一颗荣辱不惊、物我两忘的平常心。

第一章 紧守心斋,生命不能太负重

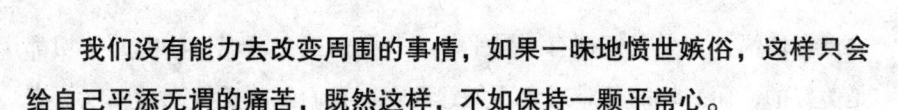

我们没有能力去改变周围的事情,如果一味地愤世嫉俗,这样只会给自己平添无谓的痛苦,既然这样,不如保持一颗平常心。

平常心很简单,就是心随你动,你想做什么就做什么,而不受尘世外物所干扰,这种心态就如同李嘉诚所说的"好景时,绝不过分乐观,不好景时,也不过分悲观",这就是一种平常心。

很多人往往会因急功近利而出现浮躁、背信弃义、过河拆桥、见利忘义等有悖于平常心的举动,这就是人的一种躁动。作为一个大智慧的人,你需要拥有一颗平常心,如同范仲淹说的那样"不以物喜,不以己悲",他们往往将名利看淡,将成功看淡,而很多时候也正是因为他们的这种淡然心态,所以,他们成功了。

人在前进的道路上行走,坦途与坎坷往往会相伴而生的。而在面对这些的时候,就需要我们拥有一颗平常心。有句话说"人的命天注定",每个人的命运也许在自己降生到这个世界上的那一刻已经注定了,但我们的心态却没有注定,它需要我们自身来调整。平常心是一种"非淡泊无以明志,非宁静无以致远"的境界,这种境界往往能平衡人过激或者过柔的心性,舍去浮躁和虚华,以一颗平常心直面人生,脚踏实地走好人生每一步。

有人说"人最大的敌人就是自己",的确,一个人如果想要战胜自己这个最大的敌人,那么,就需要拥有平常心,如果没有这种心态,那么,人就很难完善自我,实现自我,相反,如果拥有平常心,就能让我们对现实拥有自己深刻的认识,能对世事有一种超然的理解,这是一种明智和平和,是一种从容与平静。

【专访总结】

雨果说:"比海洋宽阔的是天空,比天空更宽阔的是人的心灵。"生活中的每一次沧海桑田,每一次悲欢离合,都需要我们用一颗平常心

去慢慢体悟，如果我们拥有一颗平常心，我们就会发现生活中的一切都是美好的，而一切的苦难或者不如意都会在我们面前变得充满朝气，有如冉冉升起的朝阳一般，而如果我们缺少这份平常心，那么，无论是多么美好的景色，此刻，在我们的面前也有如寒冷的冰窟一样，让人心中除了凉之外，其他一切都感觉不到。

专访九：人为外物所动，只是浅薄

【引子】

　　肩吾问于孙叔敖曰："子三为令尹而不荣华，三去之而无忧色。吾始也疑子，今视子之鼻间栩栩然，子之用心独奈何？"孙叔敖曰："吾何以过人哉！吾以其来不可却也，其去不可止也，吾以为得失之非我也，而无忧色而已矣。我何以过人哉！且不知其在彼乎？其在我乎？其在彼邪，亡乎我；在我邪，亡乎彼。方将踌躇，方将四顾，何暇至乎人贵人贱哉！"

——《庄子·田子方》

　　肩吾问孙叔敖说："您三次作令尹而不昌盛显达，三次被免职也没有忧愁之色。我开始时对此怀疑，现在见您呼吸轻松欢畅，您的心里是怎样想的呢？"孙叔敖说："我哪有什么过人之处啊！我认为它既然来了就无法推辞，它去了也无法阻止，我认为官职奉禄之得失非我所有，失去了而无忧愁之色而已。我哪有什么过人之处啊！况且不知荣华显贵是在于令尹呢，还是在我自身？如果是在于令尹，则于我无涉；如果在我自身，则于令尹无涉。那时我正在驻足沉思，顾及四面八方之事，哪

第一章　紧守心斋，生命不能太负重

有工夫顾及到个人的富贵和贫贱哪！"

【专访】

　　一个人在人世间不能为任何外物所动，善于自持便能虚怀无己。对于外界的掌声和鲜花，要等闲视之，对其中的坎坷、泥泞和挫折要用平常心来看待，超脱于现实，无求于生活，一切就都会自然而然。大喜大悲，率性而为，此乃性情中人，世界在他们的眼里变得活泼起来。

　　那么，从上面这个故事中，我们可以看出庄子对官爵的态度是怎样的呢？

　　其实，庄子对官位的态度也就如同他在上文中所举出的例子一样，即使被任命做了官也不要显示荣耀，而罢了官也不要感到沮丧。但世人为什么没有庄子对待官位的这种心态呢？为什么世人总是将官位看做是极力争取的一项荣耀呢？而在丢掉官位后又感到无比痛苦呢？原因就在于世人没有从庄子的角度认识到官位原本就是社会历史自然发展的产物，并没有哪个官位属于谁的说法，最根本的就是需要世人拥有一颗纯净的心，不为外物所动。

　　在庄子的思想中，官位俸禄都是很自然的事情。对待这些，我们应当顺其自然，而不应当将自己的心刻意定位在这里，刻意去追求，这样往往就会让人感到很累，因为官位是客观存在的，并不是人的主观意识就能得到的，同时也不是人的主观意识就能回避的。人应当对其采取顺其自然的态度，追寻事物来去的自然法则规律，来之不必推却，去之也不必忧伤，这样人就不会被外物所动，这样，世界就会平和很多。

　　而生活当中的人却与庄子有着截然不同的思想，他们对身外之物看得很重。

　　生活中很多人对外界的一切东西都有着极其苛求的态度。

　　有些人在学习上的苛求，有些人在工作中的苛求，有些人在感情上的苛求，还有些人在生活细节上的苛求……

当然，"苛求"有利也有弊，比如有些人严格要求自己，力求做到最好，即使可能未能达到先前预定的目标，却也能坦然处之。而有些人往往把"苛求"逼向钻牛角尖的程度，往往把事情想得太美好，过多地追求一些不切实际的东西，一直生活在另一个世界里，与现实社会脱节，不能客观地认识事情，一旦事情的发展不是自己所想的那样，就变得消极，易走极端，甚至摧残自己的人生。

正如有位作家所说的："这世界并不完美，它生成就是如此，而我们却是这世界的一部分。我们由这世界诞生，先天就带来了它所具有的好处，也带来了它天然的缺点。不要用苛求的眼光去看世界，而要以一种宽大平和的生活态度去面对。"

如果那些爱钻牛角尖的人能够及时地摆正自己的心态，客观地面对生活，他们得到的将更多，生活也会更愉快。

【专访总结】

中国有句俗话说："知足常乐。"孟子也曾说："养心莫善于寡欲。其为人也寡欲，虽有不存焉者，寡矣；其为人也多欲，虽有存焉者，寡矣。"面对外物的诱惑，我们应尽量享受已有的。这样生活就会是真实的，富有质感的。

第二章
优游自适，心逍遥于万物之上

庄子提出的游世的生存方式是一种积极的生存方式。逍遥于生死，逍遥于世俗，逍遥于精神。这种生存方式不是"不认真"或"放弃认真"，而是以一种不同于"用世"的认真，让我们的身心都能够优悠自在。通过学习这种逍遥思想的积极意义，可以使现代社会中的我们更快乐、更健康地生活，能够更好地获得人生的意义。

专访十：坐忘人生事，心迹了无痕

【引子】

　　闉跂支离无脤说卫灵公，灵公说之；而视全人，其脰肩肩。瓮𢄼大瘿说齐桓公，桓公说之；而视全人，其脰肩肩。故德有所长而形有所忘，人不忘其所忘而忘其所不忘，此谓诚忘。

　　　　　　　　　　　　　　——《庄子·德充符》

　　一个跛脚、伛背、豁嘴的人游说卫灵公，卫灵公十分喜欢他；再看看那些体形完整的人，他们的脖颈实在是太细太细了。一个颈瘤大如瓮盎的人游说齐桓公，齐桓公十分喜欢他，再看看那些体形完整的人，他们的脖颈实在是太细太细了。所以，在德行方面有超出常人的地方而在形体方面的缺陷别人就会有所遗忘，人们不会忘记应当忘记的东西，而忘记了不应当忘记的东西，这就叫做真正的遗忘。

【专访】

　　一个人摆脱外界琐事，而与万物同化融为一体，这可成为品德高尚的人。这是告诫我们应一切不受外物影响，不固守常理，顺应事物变化而变化，时刻保持一颗自然的心态。我们在生活中，为人要宽宏大量，处世要保持自然心态，这样才不会被外物所累，才能拥有精神上的愉悦。

　　庄子认为一个人想要达到绝对的精神自由，必须不再执著于"物"，达到忘记自己，忘记功利，忘记名声的境界。

　　什么是"坐忘"呢？

　　"坐忘"简而言之就是，端坐而全忘一切物我的出世思想、和精神

第二章　优游自适,心逍遥于万物之上

状态。

譬如,当你觉得你有脚时,表示你的鞋子有问题,你的鞋子可能太小了。当你中午吃完饭时,觉得你有个肚子,这表示你的腰带太紧了。所以你忘掉自己的脚,代表鞋子正好,忘记是非的话,代表内心处在一个和谐的状态。舒适的鞋子是不会让你感觉到的。如果说你戴着眼镜立刻发现自己戴着眼镜,就表示镜片很脏了。任何东西都一样,当你一眼就看到它的存在,代表着它有问题。

一个人活在这世界上,就像鱼活在湖里面一样,它根本忘记自己是一条鱼,当它记起自己是一条鱼的时候,代表它已离开了水。你看沙滩上的鱼,一直在挣扎着,因为它发现自己是一条鱼,需要水。在水里游的鱼,常不觉得自己是条鱼,它觉得自己就像处在"道"里面,完全忘记自己是谁。

"忘记"这个词,说起来很容易,做起来却不容易。庄子强调"坐忘"是有道理的,至少希望我们平常要少用些"心机"。

庄子认为,如果一个人想要达到悠游的境界,就需要拥有"坐忘"的态度。

那么,通过什么样的方式才能达到"坐忘"的境界呢?

坐忘是一种境界,是一种超脱,更是一种淡然,是一种心迹了无痕的洒脱。一个人生存在这个世界上,只要你有心迹存在,那么,别人都能将你看透;但是,如果你没有心迹,做到心无旁骛,那么,此刻,纵然别人怎样努力,也是难以将你看透的,而此刻的你才能体验到精神的自由。试想,如果你时时刻刻将杂念记在心头,那么你又怎能清静呢?

【专访总结】

"忘记自己"是一种成熟,也是一种博大的心境。"忘记自己"才会感受他人及这个美丽纷呈的世界,"忘记自己"才会发现新的事物收获快乐心情。

31

我们生活在这个世界，我们都有一双眼睛，而我们的眼睛过多的时候却是用来感受别人而非自己。倘若一个人心里只有自己而不学会忘记自己，那样的心境永远是灰色与单调的。就似一个每天对镜注视自己的人，视野里只有一个自我而没有别人，从而远离了别人脸上的微笑，或者那阳光下艳丽的花朵，甚至那一缕清新的风，一片飘逸的流云……

专访十一：随风逍遥，快乐人生

【引子】

吾生也有涯，而知也无涯。以有涯随无涯，殆已；已而为知者，殆而已矣！为善无近名，为恶无近刑。缘督以为经，可以保身，可以全生，可以养亲，可以尽年。

——《庄子·养生主》

人的生命是有限的，而人的欲望是无穷的。以有限的生命去追逐无穷的欲望，怎么会不窘困呢？如果已经感觉窘困了，还要继续沉迷，那是相当危险的。如果不注意控制欲望，做了善事就贪图赞赏，那么，做了恶事就必定要面对刑戮了。人应该跟欲望保持距离，要谨慎小心，从个人原则上不犯错误，保卫自身，保全天性，不给父母留下忧患，终享天年。

【专访】

人生活在社会里，无欲无求似不可能，但怎样才能在社会生活中保持一种良好的心绪呢？中医教导人们的做法是"恬淡虚无"。"恬淡"是指内心安静，"虚无"是指心无杂念。唯其心无杂念，心里安静，抛开一切超越现实的想法，少欲不贪，方能"皆得所愿"，满足比较实际

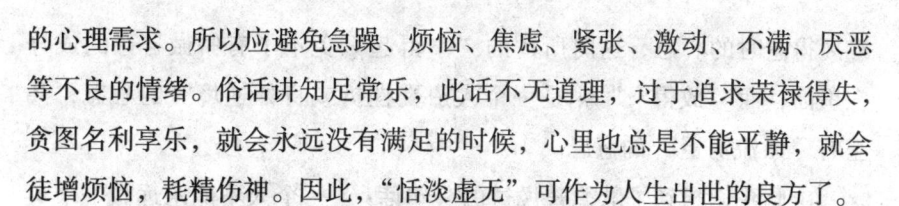

第二章　优游自适，心逍遥于万物之上

的心理需求。所以应避免急躁、烦恼、焦虑、紧张、激动、不满、厌恶等不良的情绪。俗话讲知足常乐，此话不无道理，过于追求荣禄得失，贪图名利享乐，就会永远没有满足的时候，心里也总是不能平静，就会徒增烦恼，耗精伤神。因此，"恬淡虚无"可作为人生出世的良方了。

　　许久以来，人们一直提倡追求一种恬淡无为的生活，那么，什么样的生活才是一种恬淡的生活呢？

　　要回答这个问题并不难，我们先来看庄子讲的一个故事。尧到华地巡视。华地守护封疆的人祝福他："祝福圣人长寿！"尧说："不要。""祝福圣人富有。""不要。""祝福圣人多男孩。""不要。"守护封疆的人说："人们都求长寿、富有、多男孩，你为何不想要？"尧说："多男孩就多恐惧，富有则多麻烦，长寿则多辱。"守护封疆的人说："天生万民，自然会授予一定职事，富有使人共享，有何麻烦？天下太平，万物昌盛很好，长寿厌世可以离开人世而升天，无病、老、死之忧，有何不可？"守护封疆的人离去时，尧跟在他后面说："请问该怎么办？"守护封疆的人说："你回去吧。"

　　其实这个故事就从一定的侧面上揭示出了很多问题：尧拥有天下，拥有很多，他又怕失去，有些想放弃。那守护封疆的人告诉他，你可以通过与大家分享而拥有更多，同时不会失去，这多好。好东西越分享越多，越分享越好。孟子曰"独乐乐不若众乐乐"，说的也是这个意思。我们开怀大笑时，如果是与一大群朋友在一起笑，就可以笑倒一大片，笑声多，欢乐多。独自微笑当然也是一大人生境界，但两个人一起微笑，那种微妙的快感也是很好的。多与少是平等的，有与无是平等的。

　　那么，这是不是与我们平时常常说的"既要拿得起，又能放得下"有异曲同工之妙呢？

　　对生活在当今的人们来说，可以用这句话来理解，但是，我们也不得不说，有人只能做到前者，因为"拿得起"是指一个人踌躇满志、

33

春风得意时的心态，这时所谓的"拿得起"免不了有骄傲自夸的成分在里面；而"放得下"则是一个人遭受挫折或身处逆境时的心态，甚至有"激流勇退"的意思。

由此我们想到了歌德曾说过的一句话："一个人不能永远做一个英雄或胜者，但一个人能永远做一个人。"人生在世祸福无常，悲喜难定。当你失意时，你也许会说："不是我的我就放得下。"的确，人类社会从古至今，成功者几何？"拿不起"就应该勇敢尝试"放一放"，说不定你就会从中找出你真正所在的位置，这未尝不是一件好事。

人需要学会适可而止，不管在什么时候，面对什么情况都要保持平衡的心理状态，才有可能"比中而行"。

它与"中庸"又有着怎样的联系呢？

"中庸"也就是在人们日常生活中，能做到"无过无不及"，恰到好处，也就是符合中道了。我们应该学会用"拥有"代替"占有"。但是很多人一直以来却并不理解这两词语的真正含义，什么是"拥有"、"占有"？"拥有"即此时可属我，彼时可不属我；"占有"即死死抱住，绝不让别人碰得半点。

"拥有"和"占有"两种观念，哪一种是更上层次的选择呢？

一般来讲，我们要讲"拥有少一点"好，因为那样才是清静无为的做法。但过了这阶段后，就可以"拥有多一点"了，因为那时你已经是个领头人物与中心人物，你不拥有多一点，反而不能带领万物前行。很多时候，我们必须拥有多一点，多到一定程度，就没有了。拥有到尽头，就会失去。有智慧的人不等手上之物被掠夺，就自己先放弃，这样就不会因失去而痛苦，却多了一分轻松的快感。注意，是"拥有"，不是"占有"。一个平时节约的人在勤劳致富后多花点钱，这是可以理解的。同样，获道之人因为与万物同归，引领万物，自然也是可以拥有多一点。

第二章 优游自适，心逍遥于万物之上

【专访总结】

落英缤纷，这是对花与树的双重解脱。满树繁花时，其实树本身觉得沉重，只有等繁花落尽，它才恢复轻松的自由之身，同时又期待新的花季降临……如此循环不已，莫有其极。所以我们不要做树，要做花，这样才潇洒自在，才能逍遥游。

专访十二：放得下的快乐

【引子】

子舆有病，子祀往问之。曰："伟哉夫造物者，将以予为此拘拘也！曲偻发背，上有五管，颐隐于齐，肩高于顶，句赘指天。"

阴阳之气有沴，其心闲而无事，跰𨄔而鉴于井，曰："嗟乎！夫造物者又将以予为此拘拘也！"

子祀曰："女恶之乎？"

曰："亡，予何恶！浸假而化予之左臂以为鸡，予因以求时夜；浸假而化予之右臂以为弹，予因以求鸮炙。浸假而化予之尻以为轮，以神为马，予因以乘之，岂更驾哉！且夫得者，时也，失者，顺也；安时而处顺，哀乐不能入也。此古之所谓县解也，而不能自解者，物有结之。且夫物不胜天久矣，吾又何恶焉？"

——《庄子·大宗师》

子舆生了病，子祀前去探望他。子舆说："伟大啊，造物者！把我变成如此曲屈不伸的样子！腰弯背驼，五脏穴口朝上，下巴隐藏在肚脐之下，肩部高过头顶，弯曲的颈椎形如赘瘤朝天隆起。"

阴阳二气不和酿成如此灾害，可是子舆的心里却十分闲逸好像没有

生病似的，蹒跚地来到井边对着井水照看自己，说："哎呀，造物者竟把我变成如此曲屈不伸！"

子祀说："你讨厌这曲屈不伸的样子吗？"

子舆回答："没有，我怎么会讨厌这副样子！假令造物者逐渐把我的左臂变成公鸡，我便用它来报晓；假令造物者逐渐把我的右臂变成弹弓，我便用它来打斑鸠烤熟了吃；假令造物者把我的臀部变化成为车轮，把我的精神变化成骏马，我就用来乘坐，难道还要更换别的车马吗？至于生命的获得，是因为适时，生命的丧失，是因为顺应；安于适时而处之顺应，悲哀和欢乐都不会侵入心房。这就是古人所说的解脱了倒悬之苦，然而不能自我解脱的原因，则是受到了外物的束缚。况且事物的变化不能超越自然的力量已经很久很久，我又怎么能厌恶自己现在的变化呢？"

【专访】

在庄子贫穷的时候，他曾经依靠到河边钓鱼来维持生活，但是，这样仅仅是勉强维持生计。然而，即使是这般贫困，庄子也并没有彷徨、失望，他依然将财富看得很淡泊，将一切所有的困难看得很轻飘，依然拥有一颗快乐的心。这就是庄子放得下的智慧。

那么，为什么说庄子具有放得下的智慧呢？

有这样一个故事很值得玩味，品读一番，也许，你会对庄子的这种洒脱智慧了解很多。

有一次，阴雨连绵一连下了将近半个月，而庄子家里本来就很穷困，屋漏偏逢连夜雨，一连十几天的雨水，使得庄子难以出门钓鱼，最后家里仅有的一点点粮食也被吃光了，眼看就要挨饿了，怎么办呢？在别无他法之下，庄子只好到别人家去借粮。饥寒交迫的庄子漫无目的地走在路上，因为他根本不知道到谁家去借粮，边走边想，他把所有的朋友都想到了，但他知道这些朋友也都不富裕，他们也没有粮食可借。雨越下越大，庄子累得走不动了，突然看到前方有一个富裕的人家，于是

第二章 优游自适，心逍遥于万物之上

他走过去想在大门口避避雨。然而，刚刚走到那，庄子突然意识到这似乎是监河侯的家。这个人虽然做官不怎么样——很愚蠢，但他请求庄子在写作文章方面给予过指点。而且，监河侯当年也曾经说过，庄子帮了他的忙，以后有什么需要帮忙的地方，就尽管找他。想到这里，庄子满怀希望地敲开了监河侯家的大门。

监河侯听说是庄子到来，心里十分不悦，心想："下这么大的雨，庄子又这样穷，他此时到我这来，肯定是来找我帮忙的，像他这样空有一肚子的学问，穷得要命的书生，我可不想做空头买卖，借粮我是没有的。"想过这些之后，他吩咐仆人将庄子带进客厅，然后，他迈着笨拙的步子走进了客厅。一进门，他就装出一副十分热情的态度，说："今天下这么大的雨，庄子先生竟然能够光临寒舍，真是三生有幸啊！"边说边拱手作揖。

庄子也忙还礼。监河侯看到庄子被雨水淋湿的样子，而且还在打寒战，于是，很做作地说："庄先生，今日迎雨而来，是不是要找我探讨一下学问啊！"

听了他说的话，庄子已经知晓监河侯将自己此行的目的看穿了，而且听他的话，似乎也没有想要帮他的意思。但已经这样了，别无他法之下，庄子只好强颜说道："今天冒雨前来您这，我并没有其他的事情，只是希望您能借我一点粮食。等雨停了，我就给您还过来。"

监河侯听后，十分干脆地说："好！这事很简单，等到秋天，我得到我的俸禄和食邑的租赋后，别说一小袋粮食，我借给你300两金子，怎么样？"

庄子说："我现在只是想借一小袋粮食而已。"

监河侯听后说："哦，可是我现在也不富裕啊，我也是勉强维持基本的温饱问题啊，实在不好意思啊！"

试看，这就是小人，但是，对于这种小人，庄子并没有与其生气，

37

而是给他讲了这样一个故事。

庄子说,一天,他出门,偶然间听到有人叫他。于是,他回头一看,发现一条小鲫鱼正在被大车轧出的辙沟里面,小鲫鱼很着急。他走过去问它说:"小鲫鱼啊,你在这里做什么啊?"小鲫鱼回答说:"我本来是在东海做水利官的,现在受难来到了这里,请您给我一点水,救我一命吧!"他说:"可以,这并不难,正巧我现在要去江东,这样吧,我请当地的官员引来西江之水救你。"小鲫鱼说:"先生,您这样说,还不如直接去干鱼店里来找我吧!"

由此可见,监河侯没有借给庄子粮食,庄子并没有对其产生怨恨,而是将事情的厉害与其讲清楚。

接受上天的赠予是快乐的。面对上天给予你的本能、秉性,你要好好享受。

珍惜现在,努力生活,远比什么都不做、怨天尤人、做白日梦要好。对于已经失去的也不要太怜惜了,这对继续生活的人没有任何价值。庄子懂得放得下的快乐,而这却是很多人难以体会到的。因为庄子并不是一个将任何事情都看得很重的人。在他的内心深处所追求的是灵魂的大自由、大自在。在生命面临劫难的时候,他依然能将自己比喻成一条鱼,这又是何等的逍遥思想,而那些在生活中事事都不肯放下、紧追不舍的人,他们的内心是饥渴的,而他们所缺少的正是庄子的这种放得下的超然。

【专访总结】

庄子的行为让后世很多人都难以理解,如果换做是一般的人,身处在他这样的境遇中一定会着急得像热锅上的蚂蚁一样,为了钱,为了生存,什么都愿意去做。但庄子面对如此的境遇却并不为了钱而丧失自己原本的心境,他依然能将尘世所有的纷扰全部放下,让自己的内心保持快乐的常态。

第二章 优游自适，心逍遥于万物之上

专访十三：放松心灵，无忧无虑天地间

【引子】

人有见宋王者，锡车十乘，以其十乘骄稚庄子。庄子曰："河上有家贫恃纬萧而食者，其子没于渊，得千金之珠。其父谓其子曰：'取石来锻之！夫千金之珠，必在九重之渊而骊龙颔下，子能得珠者，必遭其睡也。使骊龙而寤，子尚奚微之有哉！'"

——《庄子·列御寇》

有个拜会过宋王的人，宋王赐给他车马十乘，依仗这些车马在庄子面前炫耀。庄子说："河上有一个家庭贫穷靠编织苇席为生的人家，他的儿子潜入深渊，得到一枚价值千金的宝珠。父亲对儿子说：'拿过石块来锤坏这颗宝珠！价值千金的宝珠，必定出自深深的潭底黑龙的下巴下面，你能轻易地获得这样的宝珠，一定是正赶上黑龙睡着了。倘若黑龙醒过来，你还想活着回来吗？'"

【专访】

庄子这里所讲的，是贫与利和福与祸的关系。这尚不是自然之道，因为这仅有祸患，谈不上患过福至。在道家认为，只有一切顺应自然之时，福与祸的到来才属于自然之功。老子说："祸兮福所倚。"这是说天降而非人为的福祸，是相互转换的，这种相生相依的转换才可称之为道。所以，人应该放松自己的心灵，这样才能无忧无虑天地间。

其实，这样的生活方式最终将会给自己造成伤害，人要懂得休闲，要懂得让自己适当地放松。

老子告诉孔子，他"游心于物之初"乃是"至美至乐"。如果能做

到这样，那么你的生活将会充满艺术气息，而且你会发现其中难以释怀的真善美，这样你就会忘记世俗中的所有不愉快、所有的纷争等。此时，你的生活就会充满快乐。

其实，仔细想一想，现代社会中的某些人很可怜，他们因为难以找到自己的信仰，于是，他们在社会中也难以找到自己的真正追求。一个人一旦难以找到自己的追求，那么他们的内心一定是空虚的，而心灵空虚的人该如何呢？最简单的弥补方法就是用各种各样的欲望来填补，所以，他们总是为了一些微不足道的利益勾心斗角。

曾经读到过这样一个故事。

崔杼曾经十分希望杀掉晏婴，但有人出面阻止，说晏婴杀不得。于是，崔杼就听从建议，将晏婴放掉了。而晏婴出来之后却没有像其他人一样匆匆忙忙逃离这个差点让自己送命的地方，而是慢慢地走出来，拉着缰绳上了车。他的仆人十分惊慌，急忙驱车准备迅速逃离这个地方，而晏婴却拉住他的手说："不要着急，慢慢走，跑得快不一定就能保住性命，而走得慢也不一定会送命。鹿虽然生活在荒野之中，但它的性命却掌握在厨师手中。我现在的性命还是掌握在崔杼的手中，我们还是按照以往的速度，慢慢离开吧！"

从这里，我们可以看出，一个人想要拥有快乐的心境，就需要放松，不能总是将自己压得太紧，这样很容易因为过度紧张而使自己最终濒临危险的境地。所以，我们要懂得放松自己的心灵，这样，才能在紧张的生活中享受到人间的大自在。

任凭风浪起，稳坐钓鱼台。在一个充满变数的世界里，我们是不是还是应该以自我为主，活出自己的风格呢？

的确是这样，一个人无论在怎样的境遇中都应当将自己放在最高的位置，追随自己的心，活出自己的节奏，以不变应万变。

俗话说"人的命天注定"，一味地慌慌张张逃跑，最终的命运也并

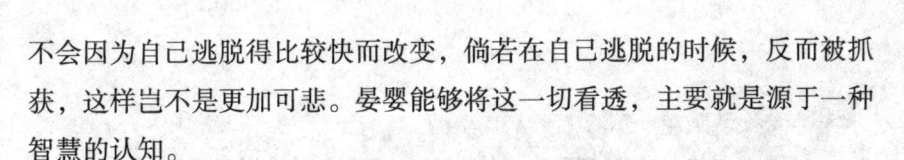

第二章 优游自适,心逍遥于万物之上

不会因为自己逃脱得比较快而改变,倘若在自己逃脱的时候,反而被抓获,这样岂不是更加可悲。晏婴能够将这一切看透,主要就是源于一种智慧的认知。

放松不仅仅是一个心态问题,更是体现一个人深厚智慧的问题,为什么这么说呢?

庆历年间,宋仁宗有病,很长一段时间都没有上朝。随着太医的调养,渐渐地,皇帝的身体康复了很多,于是,他马上下令召集大臣开会,派人去叫中书省和枢密院的长官。吕夷简接到指令,并没有快步前来,而是稍迟了一会才应召前来。总算是到了皇宫,太监们着急地催促吕夷简,让他加快脚步,皇上正等着呢;其他同事也催促他快一点,但吕夷简依旧不着急,而且似乎步履更加迟缓了。

总算是来到了皇帝面前,皇帝问:"我生病了很长时间,好久没有见到大家,今天我已经好了很多,见到大家很高兴。而吕夷简,你却这么长时间才来到,这是为何啊?"吕夷简听到皇帝的问话,并没有胆怯,而是很从容地回答说:"皇上生病,满朝文武无不担心此事。今天忽然接到皇上传唤,我如果很匆忙地赶来,那么,大家一定会感到震惊,这样很容易引起骚动。"

读了这个故事,我们会发现,原来慢也是一种智慧。由此,我们也会联想到当今的人,你们每天那样步履匆匆,直至到半夜才能睡觉,难道你们真的那么忙吗?你们是否也应该调整一下自己的节奏,让自己放松一些,好好地回想比忙忙碌碌更加重要的问题呢?

【专访总结】

一个人需要不断地调整自己的节奏,这是一种智慧的感悟。无论是富人还是穷人都需要具有这种智慧,富了不癫狂,穷了不抓狂,该忙时就忙,不该忙时就要放松自己,让自己活得放松,活得从容。

专访十四：生命，各有各的乐

【引子】

古之得道者，穷亦乐，通亦乐。所乐非穷通也，道德于此，则穷通为寒暑风雨之序矣。

——《庄子·让王》

古时候得道的人，穷困的环境里也能快乐，通达的情况下也能快乐。快乐的原因并不是穷困与通达，只要能坚守道德，那么穷困与通达就像是寒与暑、风与雨那样有规律地变化了。

【专访】

在庄子看来，修道者之所以身处贫穷之境亦能自得其乐，是因为他们心中有"道"，有了"道"，也就不会把"穷"与"通"放在心上了。那么，什么是"道"呢？在这里，我们不妨把它理解为一种心境。人只要有美好的心境，那么无论是穷困还是显达，便都能以一种乐观的精神去面对了。

拥有美好心境的人，是不会一遇到困难，就悲观泄气的。

第二次世界大战期间，一位叫塞尔玛的年轻女子，陪伴丈夫驻防在美国中部加州一个靠近大沙漠的陆军军事基地里。营区的生活条件很差，酷热难耐，那里大部分时间的温度都在45℃以上，风总是整天吹个不停，尘土到处飞扬。一天，她的丈夫奉命到沙漠深处参加大约一个月的军事演习，她一人留在基地的铁皮营房里。周围住的全都是不懂英语的土著印第安人，于是她写信给父母要求回家。她的父母很快回信给她，信中只有两句话："有两个犯人从牢房的铁窗向外望，一个人看到

第二章　优游自适,心逍遥于万物之上

的是荒凉和泥巴,另一个人看到的却是夜空中的星星。"

塞尔玛将这两行字看了又看,她领悟了父母的意思,如果一个人老是低着头,结果只能看到地上的泥土。她为什么不能抬头看看天呢？抬头看,就能看到天上的星星。我们的生活中不仅仅只有泥土,还有星星。她感到羞愧难当:"好吧！我就去找些星星！"塞尔玛暗下决心。

自此,她走出屋子,开始主动和土著人交朋友,并请他们教她如何纺织东西和制陶。土著人热情地接纳了她,并把舍不得卖给观光客人的各种精美工艺品送给她……她因此迷上了印第安文化、历史、语言以及所有有关印第安的事物。不仅如此,她还开始研究起沙漠,沙漠中的日落日出,那些多姿多彩的沙漠植物在她眼里变得神奇迷人。沙漠依旧,土著人依旧,只是她的心态在改变。两年之后,塞尔玛成了沙漠专家,并根据这段生活写出了《快乐的城堡》一书。此书出版后非常畅销,一版再版。

"我们人类可以由改变态度而改变生命。"一个人的心态,不仅仅决定着事情的成败,还决定着人生的成败。

事实上,社会各个阶层都不乏游手好闲、喜欢指责、耍弄有实干能力的小人。不凑巧的事、倒霉的事、煞风景的事,构成了生活中不可调和的经纬线。不要把社会生活理想化,只有正确认识环境所造成的困境,你才能有办法去超越。

现代人生活在紧张的竞争氛围中,应首先学会超脱,学会寻找快乐,这样才能保持良好的心态,轻松愉快地生活。

古人在经历了人生的坎坷之后,得出"生死由命,富贵在天"的结论。但我们应该相信,一个人命运的好坏,是由自己的心态决定的,因为,任何一个人不可能永远幸运,也不可能永远被厄运纠缠。面对现实社会生活中的种种困境和难题,我们既要接受这种现实,同时又要超越这种现实;不要抱怨,而要以通达的态度去面对;要相信命运由我们

自己创造，命运掌握在我们每个人手中。

不管你面临的困境是什么，你都要能够承认这就是自己必须面对的客观存在，然后在这个基础上，你才能实事求是地想办法走出困境，超越困境。常听到有人怨天尤人："老天为何对我如此不公？"看自己手中拿的总是"劣等牌"，看别人活得总比自己潇洒，这是认识上的一大误区。其实，深入到每个人的背后，哪个没有可歌可泣的故事？天赋优越固然好，然而，不如意的事十常八九，岂能尽如人意？

"面对现实"这话好像总是说给一些陷入困境的人听的，其实，现实也未必是苦涩的，现实只是那种平平常常的样子。觉得苦涩的，只是无奈又不得不面对的心态。面对现实、承认现实，这是改变的基础。在离弃现实的时候，现实是苦涩的；当直面现实的时候，现实就会显出本来的样子。在渐渐的变化中，现实不再那么僵硬和冰冷，开始现出光明的色彩。原来现实并没有叫人顺从和灰心，只是需要承认和尊重，进而才能超越。

【专访总结】

同样一片天空，有的人看到的是满天乌云，有的人看到的却是乌云背后的灿烂阳光。最后的结果是，前者的人生愁云惨淡，后者的人生阳光明媚。

专访十五：尊严的价值高于钱财

【引子】

宋人有曹商者，为宋王使秦。其往也，得车数乘；王说之，益车百乘。

第二章　优游自适，心逍遥于万物之上

反于宋，见庄子曰："夫处穷闾陋巷，困窘织屦，槁项黄馘者，商之所短也；一悟万乘之主而从车百乘者，商之所长也。"

庄子曰："秦王有病召医，破痈溃痤者得车一乘，舐痔者得车五乘，所治愈下，得车愈多。子岂治其痔邪，何得车之多也？"

——《庄子·列御寇》

宋国有个叫做曹商的人，为宋王出使秦国。他前往秦国的时候，得到宋王赠与的数辆车子；秦王十分高兴，又加赐车辆一百乘。

曹商回到宋国，见了庄子说："身居偏僻狭窄的里巷，贫困到自己编织麻鞋，脖颈干瘪面色饥黄，这是我不如别人的地方；一旦有机会使大国的国君省悟而随从的车辆达到百乘之多，这又是我超过他人之处。"

庄子说："听说秦王有病召请属下的医生，破出脓疮溃散疖子的人可获得车辆一乘，舐治痔疮的人可获得车辆五乘，凡是疗治的部位越是低下，所能获得的车辆就越多。你难道给秦王舐过痔疮吗，怎么获奖的车辆如此之多呢？"

【专访】

有时候，人生就为了一张脸面，不管厚与薄，美与丑，都把自己的脸面看的很重，人人都要尊严。尊者，以被尊者为上也；严者，父也，引申出君、长者、尊者。面者，表也，引申出脸，所谓脸面一词是后来而生。尊严是一种不可抑制的人生要求，有些人要尊严，胜过他的一切，什么都可不要，但尊严却不能丢。可见，尊严组合，为人之核心价值观，尊严为人之根、其本，不可触，不可撼。尊严是必须要的，是道德底线。

很多人最爱面子，更准确地说，是用面子维护自己的尊严。为了尊严，士可杀而不可辱；三军可夺帅，匹夫不可夺志；宁为玉碎，不为瓦全；宁可站着死，不愿跪着生。

庄子笑傲王侯，忘情于江湖，视钱财如粪土，不会为五斗米谄媚于

朝廷之地、显贵之家，维护着自己独立的人格和尊严。

  人活在世上仅仅为了虚伪的自尊，为了满足自己的私欲私利这张脸面，会做出许多违心的事，说出许多违心的话。为了面子不要人格、不要尊严、不要良心的人大有人在。有的人台上台下一张脸，家里家外一张脸，白天黑夜又是一张脸，为了一张貌似人脸的脸，丢掉了做人的原则和本性，忘却了世间的真情实意，一张原本还算真实的脸被撕扯得扭曲变形，脸不成其为脸，甚至口眼歪斜、五官不端，成了一块小学生手中的橡皮泥，捏谁像谁了。

  如今走在街上经常会看到一些身体残疾但依然在街边卖艺求生的人；然而同时，我们也会看到一些身体健全，但却蜷缩在一角装作乞丐讨钱的人，这是两种不同的人。第一种人是一种将自己害羞、怯懦的脸面抛到一边，用自己高贵的尊严支撑自己的面子；而第二种人是将自己的害羞、怯懦的脸面抛到一边，同时也将自己的尊严抛到九霄云外去。这种人是最让人厌恶的。一个人可以不要脸面，但不可以不要尊严，一个人倘若没有了尊严，那么这个人就等于没有了人生的指向标，没有了自身的价值，脸面可以不要，但尊严一定不能丢。

  因此说，面子不能重于一个人的尊严。人的尊严才是最重要的，而尊严的维护和面子上过得去过不去并不是一码事。同样的道理，金钱、生命也不能重于一个人的面子。有很多的时候我们宁可舍弃金钱、生命也要维护自己的尊严，而不是为了金钱、生命不顾自己的尊严。

  法国著名的将军狄龙在他的回忆录中讲过这样一件事，一战期间的一次恶战，他带领第80步兵团进攻一个城堡，遭到了敌人顽强抵抗，步兵团被对方火力压住无法前行。狄龙情急之下大声对他的部下说："谁设法炸毁城堡，谁就能得到1000法郎。"他以为士兵们肯定会前仆后继，但是没有一位士兵冲向城堡。狄龙大声责骂部下懦弱，有辱法兰西国家的军威。

第二章 优游自适,心逍遥于万物之上

一位军士长听罢,大声对狄龙说:"长官,要是你不提悬赏,全体士兵都会发起冲锋。"狄龙听罢,转发另一个命令:"全体士兵,为了法兰西,前进!"结果整个步兵团从掩体里冲出来。最后,全团1194名士兵只有90个生还。

有时,人的尊严比生命更重要,但如果用钱去驱使他们,无异是奇耻大辱。

【专访总结】

人没了尊严就会被别人看不起,就会活得窝窝囊囊,甚至苟且偷生,这是每个人想要的生活吗?脸面不是一个人冠冕堂皇的说辞,不是一个人信誓旦旦的自我鼓吹,而是一个人的原则,一个人的尊严,是一个人的人格。为了顾及面子丧失了原则,也就意味着失去了尊严;失去了尊严,也就意味着失去了人格。一个人,如果没有了人格,也就彻底丧失了做人的最后底线。

专访十六:心界要广阔

【引子】

小知不及大知,小年不及大年。奚以知其然也?朝菌不知晦朔,蟪蛄不知春秋,此小年也。楚之南有冥灵者,以五百岁为春,五百岁为秋;上古有大椿者,以八千岁为春,八千岁为秋。而彭祖乃今以久特闻,众人匹之,不亦悲乎?

——《庄子·逍遥游》

小眼界不如大眼界见识广,短寿不如长寿见识多。怎么知道是这样的呢?朝菌的寿命不足一天,它们不知道一天早晚是什么样子;蝉的寿

47

命不足一年，它们不知道一年四季是什么样子，这就是因为寿命短的局限。楚国南部有一种灵龟，以500年为春天，以500年为秋天；上古有一种大椿树，以8000年为春天，以8000年为秋天。彭祖只活了800岁便被人们到处传颂，以为长寿的榜样岂不可悲可叹吗？

【专访】

心界很重要，一个人如果能够将自己的心界扩大到最大，那么，他将比别人看到更多更精彩的事物、更多更精彩的美丽。所以，如果你时时处处感到前途渺茫、感到没有方向，这说明你的心界太窄了。庄子喜欢心界大的人，因为心界大，则说明你所做的事业也就大。

那么，庄子又是如何讲述一个人心界的大小的呢？

《逍遥游》中说，在遥远的北极海水中，有一种名为鲲的鱼，大概有几千里那么大。它变成一种名叫鹏的鸟，鹏的背大概也有几千里那么大。它奋起而飞，翅膀像天上的云朵垂下来。这种鸟，将从北海飞到遥远的南极。南极，就是天池。

水泽边的晏鸟讥笑大鹏说："它要飞到哪里去呢？我一跳跃就飞起来，不到几丈高就落下来，在丛草之间翱翔，这也是飞行的绝技呀！它要飞到哪里去呢？"

其实，大鹏与晏鸟也正如我们生活中的人，一种是拥有极高境界，并且拥有高远目标的人，这种人就是大鹏；一种是境界狭小、鼠目寸光，他们的目标很局限，这种人就是晏鸟。由此，我们可以看出，一个人能够走多远，能够取得多大的成就，关键就在于你的心界有多高。心界决定你前行的远近，心界决定你成就的大小，心界更决定你人生境界的高低。

对于这个观点，我们可以用一个故事来说明。

王有龄得到胡雪岩的资助进京捐官，一切顺利，回到杭州，很快获得了浙江海运局坐办的肥缺。王有龄知道自己今天的成就很大的原因都

第二章 优游自适,心逍遥于万物之上

是因为得到了胡雪岩的帮助,于是,一回到杭州,他就四处去寻找胡雪岩。以后,不管什么事情,只要自己能够帮助他的,就一定要尽全力帮助他。当然,以王有龄的思想,他希望胡雪岩能够留在衙门里,和自己一起做事,这样,既可以解决自己的帮手问题,又可在适当的时候给胡雪岩也捐个功名。

然而,胡雪岩却并不是像他想象的那样,当王有龄问起他的打算时,他很干脆地回答说:"我想仍旧要干老本行。"胡雪岩的意思是指继续去干他从前的钱庄工作,他是要开办自己的钱庄。

可是,胡雪岩此时身无分文,怎么办呢?首先要解决资金问题。一次机会,胡雪岩开始了运粮工作。

此时通过自己的智慧,以及王有龄的帮助,胡雪岩不再做钱庄的"小伙计",而是自立门户,开始贩运粮食。由于他有着娴熟的人际交往技巧,这使得他在官与商之间游刃有余,渐渐地走上了从商的道路。然而粮业运输并不是胡雪岩最终的目标,对他更有诱惑力的还是开办一个属于自己的钱庄。他从最初进入钱庄开始就给自己立下了这个目标,他对钱庄的一切渠道几乎达到了了如指掌的程度,他知道只有在这个自己热切追求的行业才能使自己大显身手。

但此刻,胡雪岩依然没有资金,然而,这并不能成为阻碍他开钱庄的障碍,因为,他心中有着明确的目标。他告诉自己,即使没有本钱,也要想办法开办钱庄,实现自己的目标。

为了筹集钱庄的本钱,胡雪岩走了三步棋:

第一步,利用海事局,从信和钱庄筹得20万两银子;

第二步,利用王有龄,代理公库,插手政府财政;

第三步,利用钱庄开业的堆花和同行的贺银来筹集资金。

就这样,在胡雪岩的运筹帷幄之下,他的钱庄开起来了。

试看,胡雪岩在商场起步,一开始就选择开钱庄,除了他眼光敏锐

49

之外，还有一个很重要的因素，就是他高远的心界。可以说，这种高远的心界是胡雪岩时刻注意去发现财源、不断开拓财源的基础。所以，一个人若不能提升自己的人生境界，就只能满足于在泥地上匍匐，终生碌碌无为。

因此，人要不断提升自己的心界，要有高远的目标，用我们今天的话来说，就是心界的宽广度决定了一个人视界的宽广度。一个人的心界决定了一个人的视界。

心界的宽广与狭小就如同一条鱼生活的环境一样，如果你将一条鱼放在鱼缸里养，那么时间长了，在它游动的时候，它可能会碰到鱼缸壁，久而久之，总是碰到鱼缸壁，它的心情就会渐渐糟糕起来，因为它感到自己的生活环境太狭小了。但是，如果你将它放到大海里，让它在宽广的环境中遨游，经过一段时间的遨游后，它又会感到苦闷，因为它无法找到大海的边界。这就如同生活中的人，在一个狭小的环境中停留时间长了，心界也会随之变小，害怕突破。

心界有多大，你的理想就有多大。在生活与工作中，如果你不能打碎心中狭小的四壁，那么，即使你到了一个广阔的环境中——大海，那么，你也一样不能找到自由自在的感觉。只有实现心灵的突破，人生才能自由地遨游在广阔的世界。

【专访总结】

飞机起飞后，90%的飞机都脱离指定航线飞行，需通过导航仪器不断把飞机送入航道；远行船只也是大部分时间被海浪潮汐抛离航道而需要导航仪把船纳入正轨。导航仪其实就是一个方向仪器，而人同样需要一个导向仪，需要它指出你现在的位置，把你从不固定的、经常移动的位置纳入正轨，朝目标前进。

专访十七：快乐是一种自我感觉

【引子】

公文轩见右师而惊曰："是何人也？恶乎介也？天与，其人与？"

曰："天也，非人也。天之生是使独也，人之貌有与也。以是知其天也，非人也。"

——《庄子·养生主》

公文轩见到右师大吃一惊，说："这是什么人？怎么只有一只脚呢？是天生只有一只脚，还是人为地失去一只脚呢？"

右师说："天生成的，不是人为的。老天爷生就了我这样一副形体、让我只有一只脚。人的外观完全是上天所赋予的。所以知道是天生的，不是人为的。"

【专访】

庄子用此寓言是要说明听凭天命，顺应自然，"安时而处顺"的生活态度。

接受上天的赠予是快乐的。面对上天给予你的本能、秉性，你要好好享受。右师不会盼望上天重新送他一只新脚，也不会牵挂还没出现就已失去的脚。

一个人只有看见自己的心，才是觉悟。

生活是自己的，快乐也是自己的，然而，世间有很多人终其一生都难以看到自己的内心，都难以找到自己的快乐。也许你能将身边所有的人都看透，也许你能将所有人的快乐都看在眼中，但是，你却看不见自己的快乐。一个人只有看见自己的心，才是觉悟。

觉悟很显然分为两个阶段，一个是觉的阶段，一个是悟的阶段。

一个人只有对外物先有了觉，然后才能开悟。那么，什么是觉呢？觉就是一个人在一瞬间的灵感，或者说在一瞬间的了然。比如，生活中的你总是处于困顿中，然而，突然有一天，你的一个朋友对你说了一句话，你瞬间感到所有的困惑都解开了，这就是觉。

那么，什么是悟呢？悟没有觉来得快，它需要一个过程，需要一个人内心的反复思考，经过时间的考验，这个过程叫做悟。比如唐僧的3个徒弟分别叫悟空、悟能、悟净，这3个名字中分别有一个悟字，却没有觉字，这就是因为3个徒弟在随唐僧一起西天取经的过程中，渐渐对世间的一切有了顿悟，然后最终修成正果，这就是悟的过程，是一个参化的过程。

庄子的人生哲学，堪称是一个觉悟的过程，也就是教我们要以大境来看人生。

人世间所有的功名利禄、荣华富贵等对于一个真正觉悟的人来说都是没有意义的，人生最有意义的事就如同《士兵突击》中许三多所说的"最有意义的事就是好好地活，好好地活就是最有意义的事"。而好好地活的意义就是一个人能否拥有一个快乐的人生。那么，一个人能否拥有一个快乐的人生呢？

这个世界虽然充满了种种的争斗，充满了种种残酷，但是这些世间的纷纷扰扰在庄子先生看来却又是如此的滑稽可笑。

庄子在《则阳》篇中讲了这样一个故事。

相传上古时代南方有一只千年老蜗牛，硕大无比。蜗牛的左角上有一个国家，名叫"触氏"；蜗牛的右角上有一个国家，名叫"蛮氏"。两国的土地极其肥沃，抓一把就可以捏出油来。按理说，这两国足以丰衣足食，安居乐业，建立友好邻邦，或者老死不相往来，高枕无忧，享受太平。可是"蛮氏"国的酋长老是瞅着对方的那片土地，直咽口水。

第二章　优游自适，心逍遥于万物之上

有这份霸占的心理，于是，在一个月黑风高之夜，"蛮氏"国的酋长老纠集了国内28000将士，直扑触氏。

然而触氏首领也是爱占便宜之辈，老是想着怎么能在铁公鸡身上拔出毛，癞蛤蟆身上取四两肉来，所以他也免不了对邻国偷偷摸摸，蠢蠢欲动，企图吞并蛮氏。这一来正好下山虎遇着上山虎。触氏首领决定乘此良机，一举占领蛮氏，当即召集了3万条好汉，群情激愤，直扑蛮氏。

朝阳初升的时刻，触蛮两国兵马在蜗牛头上的这一片开阔地上短兵相接。无须下令，58000条汉子便胡乱砍杀起来，弄得血肉横飞，鬼哭狼嚎，飞沙走石，日月无光。3天之后，触蛮两国全军覆没，蛮酋被拦腰斩成两段，触酋身首异处。一眼望去，伏尸横野，阴风惨惨。

最后庄子告诉我们，这两个国家争的是多大的土地呢？触氏跟蛮氏，一个住在蜗牛的左犄角里，一个住在蜗牛的右犄角里。这难道不可笑吗？

所以，当你明白他们可争的土地，最大也大不过一个蜗牛壳的时候，就应该知道，在有限的生命里面，不管你是贫穷还是富贵，不论你度过什么样的人生，最不应该舍弃的就是欢乐。

人世间之所以有许多人长久以来总是对外界有太多的痴迷，就是因为他们的内心还没有开悟，还没有看得通透。

人生真正想要达到潇洒之境，需要打破我们的常规束缚，用一种逆向思维，把世间看似天大的事，譬如战争、政治、仇杀、恩怨，都看小了去，看做蜗牛壳里的纷争，看做电光石火的瞬间事；另一方面，把我们自主的灵魂放到无限之大。

芸芸众生，茫茫人海，我们常常在寻找快乐的答案。其实，快乐是一个多元化的命题，我们在追求着快乐，快乐也时刻伴随着我们。只不

过，很多时候，我们身处快乐之中，在远近高度的不同角度看到的总是别人的快乐，往往没有细心感受自己所拥有的快乐。因此说，快乐并没有与自己相距甚远。很多人之所以没有感受到快乐，是因为他们缺少方寸之间的平和。

用一种忧郁的心境去体味人生，去看待人生，那人生便会成为一种折磨，一种煎熬。人生总会有许多不如意的地方，我们与其悲观地把人生看成是一场毫无意义的挣扎，不如转变自己的思想，多看一下自己身边的可贵之处。

当我们错过了很多逍遥游的机会，一旦发现自己年华已逝，身体不支时，却发现曾经的自己是那么的想不开，将生命中更多的时间用在了做无用功，而恰恰将人生最珍贵的快乐丢失了。

如今，我们再次审视庄子先生的智慧，审视庄子先生的觉悟，无非就是为了让人释放自己的内心，从而达到逍遥的境界。人要有真正学到了庄子的潇洒精神，就一定能够超越名利。

用庄子的话说，这叫做"磅礴万物"，因为你凭着你的感悟，就可以凌驾万物之上，将万物融为一体。

【专访总结】

一个人生存在世间，各自的经历不同，每个人的禀赋也不相同，而各自的经历和禀赋决定了一个人眼界的大小。有人说："你的态度决定你的生活。"一个人的种种经历必然会决定你的价值取向，这种取向就是一种超越，就是一种潇洒的精神。

第二章 优游自适,心逍遥于万物之上

专访十八:心性旷达,超然于外物之上

【引子】

某君与人对弈,以瓦罐博之,频胜;换金,负矣!庄子遂曰:外重者内拙。

——《庄子·达生篇》

拿瓦器之类不值钱的贱物去赌时,可以从容应对,得心应手;而用铁钩之类价值较大的东西下注时,就显得小心翼翼、缩手缩脚了;当赌注一旦换成贵重的黄金,更意乱神迷,难以控制把握好自己……庄子将之称作"凡外重者内拙"。

【专访】

你应处于保持本性、无所修饰的心境,交合形气于清静无为的方域,顺应事物的自然而没有半点儿个人的偏私,天下也就得到治理。

有这么一种人,他们双眼仿佛能穿透一切迷雾,双手能抓到问题的根本,处理问题得心应手;在别人认为无法处理的阻力处,他们总能够巧妙地化解和躲过;当别人将那些看得很重要的东西牢牢紧握时,他们却可以在瞬间放弃,之后,你会发现原来他们的放弃,是真正的睿智。

他们永远乐观、旷达,生命于他们从来就不是负担,而是仿佛置身于天堂。当生命结束之时,他们绝无悲凄留恋之感。

这与其说他们是一种十分健康的生命状态,毋宁说是一种生命的境界。

我们来看两个故事吧。

坦山和尚和另外一个和尚走到一条河边。一阵大雨将桥冲走了,只能涉水而过。

这时，一位漂亮的妇人正好走到河边。她说有急事必须过河，但她怕被河水冲走。于是，坦山和尚立刻背起妇人，涉水过河，把她安全送到对岸。他和另外那个和尚默不作声地走了好几里路。那个和尚终于忍不住了，便对他说："我们和尚是绝对不能近女色的，刚才你为何背那妇人过河呢？"

坦山和尚淡淡地回答："啊，你说的是她呀。我在好几里路之前就把她放下来了，你的心里到现在还背着她吗？"

下面这个故事，是关于伟大的科学家爱因斯坦的。

爱因斯坦一向衣着随便。一次，他穿着一件破大衣在街上走，一位朋友见了，十分惊讶地问他为什么不换件新大衣？爱因斯坦幽默地说："反正这里没人认识我，换不换新大衣有什么关系？"

几年后，爱因斯坦已经成为了举世闻名的科学家。这位朋友又在街上碰到了他，发现他还是穿着那件破大衣，于是说："您怎么还穿着这件大衣，这跟您的身份太不相符了吧？"

爱因斯坦说："用不着，反正这里的人都认识我了。"

这两个人物，都代表着一种与常人大不一样的生命境界，不妨将此称为"达者的生命境界"。对于在当今社会因为盲目竞争导致痛苦的人来说，他们的故事有着很直接的指导意义。

下面，让我们掌握这样一些生命智慧的理念。

达者就是一边进取，一边去解缚，从而得到人生的整体丰盈，获得潜能最大实现的人。从最完整的意义上来讲，达者应该包括如下三方面：

（1）对生命根本之道的通达

他们知道生命的珍贵，也懂得生命的局限，因此在生活中，时刻把握根本，不至于被那些可有可无的东西束缚住，更不会破坏自己生命的根本。

（2）"零阻力"的旷达

生活在海阔天空的世界里，总有一种拿得起、放得下的气魄，不管生活中和心灵中有什么阻力，都能够巧妙地化解。

（3）内在潜能的达成

由于他们能够积极而谨慎地让自己的内在长处与外在的优势实现最理想的结合，所以，其内在的潜能，就能达到最大限度的实现。

达者东西方都有，但是从概念上而言，西方却无这样的概念；而在东方，这样的人却是智者的楷模。实际上，这是东方人生智慧的精华。

首先必须明确，旷达者不是隐者，不是出家人，而是积极入世者。他们怀出世之想，做入世之事。而他们的入世，又有着一种心灵自由。

旷达者都有一颗"不粘"的心灵。所谓"粘"，就是心灵被动地屈服于对象，失去自主，尤其是对于名利等欲望，紧抓不放，过于执著，其结果如梅拉妮·贝提在《无所执泥》中所描述："我们想要控制的东西，控制了我们的生命。"

旷达者的特点之一，就是"解粘去缚"。他把心灵的自由和自主，看得比任何其他事都重要。不粘就是"放下"，但真正的不粘是要将"放下"的念头也放下。这样才会有最彻底的心灵自由。

有这样一个故事，说一个人有一天想要往墙上挂一幅画，就急忙忙地找来锤子和钉子。当他把钉子钉进墙后，却发现这个钉子根本挂不住这幅画。怎么办呢？那就只能往墙里楔一个小木楔子，然后再钉钉子。

他去找木头，找到木头发现太大，又去找斧子。找到斧子，发现对付木头不顺手，又去找锯子。锯子有了，又发现锯条断了，又去找锯条。这样一件一件东西找下来，等到他把所有的东西都凑齐了，他已经不知道自己要干什么了。他早就忘记了那幅画了。

其实，这很像我们今天的生活。我们在行走，我们在奔波，我们终日忙忙碌碌，但是我们忘记了为什么而出发。

很多时候，我们会置身于这样的茫然中。所以，人需要看清自己的目的，看清自己的方向。

有很多人一生追逐成功，渴望辉煌，不要说辞让天下了，连一个小位置，甚至一个小小的兼职机会都不肯放弃。因为我们耐不住寂寞，我们需要这种外在的辉煌来证明我们自己的能力。

有这样一句话，在真正的比赛中，冠军永远跑在掌声之前。

这句话很耐人寻味。大家想一想，不管是100米赛跑还是马拉松，冠军跑到终点之前，观众席上是没有掌声的，只有当冠军冲过了线，掌声才会响起。所以，落后的运动员听到的掌声比冠军要多。

冠军是在寂寞中第一个冲到终点的人，而这种寂寞，最终会打开掌声的辉煌。

这句话对我们每一个人都是一种启发。古人的淡泊，古人的恬静，古人的辞让，到底是为什么呢？

他们要留一份寂寞给生命，让生命终于可以开阔灵动起来。而今天，我们却希望用繁忙驱散心头的寂寞。

寂寞不是一件好的东西吗？有时候，寂寞并不意味着愁苦。没有感悟，才是愁苦；有了感悟，又发挥不出来，那也是愁苦。寂寞意味着一段静止下来的时光，当你自己独自面对寂寞的时候，有可能会看到你意想不到的境界。

【专访总结】

人人都希望真理在自己一边，但并不是人人都希望自己站到真理那一边去。缺乏智慧的人，总是要世界围着自己转。然而，真正的达者，会充分发挥自己的意志与智慧，但一定是建立在符合自然之道的基础上。他们放弃僵硬的主观意志，来适应万物。这就是尊重客观规律，按着自然法则去行事，顺势而为。

旷达者具有一种最积极的心态。所以，他们总能在他人忽略和轻视的地方，处处发现和发掘出"最好"来。他们认为人人都有最好的一面，处处都是最好的地方，任何地方都是最好的地方，任何时间都是最好的时间。

第二章
适时无为，则无不为

庄子是最难得的开悟者之一，庄子认为无论治国还是做人，都要"无为"。庄子对于世界上一切对立事物的看法，生死、美丑、错对……主张的是放弃一切差别观念，获得精神上的绝对自由。这种思想表面上看的确有些"消极"，但这是对人生的另一种选择，也是另一种更加精彩的活法。虽然它与当今时代崇尚的东西并不相同，但绝不能因此将其视之为"消极"。庄子的这种无为思想在一定程度上为步伐急促的现代人找到了一丝精神上的宁静。所以，在一定意义上来说，这种无为思想更是当今人静守心灵的智慧宝典。

专访十九："无用"之用

【引子】

惠子谓庄子曰："子言无用。"

庄子曰："知无用而始可与言用矣。天地非不广且大也，人之所用容足耳。然则厕足而垫之，致黄泉，人尚有用乎？"

惠子曰："无用。"

庄子曰："然则无用之为用也亦明矣。"

——《庄子·外物》

惠子对庄子说："你的言论没有用处。"

庄子说："懂得没有用处方才能够跟他谈论有用。大地不能不说是既广且大了，人所用的只是脚能踩踏的一小块罢了。既然如此，那么只留下脚踩踏的一小块其余全都挖掉，一直挖到黄泉，大地对人来说还有用吗？"

惠子说："当然没有用处。"

庄子说："如此说来，没有用处的用处也就很明白了。"

【专访】

庄子把人对世界的占有总结为"立足之地"，如果你立足在自己所在的那块地，那么，此块地对人来说是有用的，而其他的地方对人来说是没用的。但是，如果你仅仅这样认为，只用脚下那块地，而将其他不用的地都铲除掉，那么，你所拥有的仅仅是立锥之地，无半点可移动的地方。然而，如果这样，那么人也就只能自生自灭了。从这

第三章 适时无为,则无不为

一点,我们也可以看出,生活中那些在现今对我们来说没用的东西其实也是有用的,只是它的用处并没有你当下有用之物那样大而已。由此可见,"有用"与"无用"永远是相对的,"失去"与"获得"也是相对的。

关于这一点,道家学派的创始人老子先生是如何解释的呢?

传说老子骑青牛过函谷关,在函谷府衙为府尹留下五千言《道德经》时,一位年逾百岁的老翁招招摇摇地到府衙找他。

老子在府衙前遇见老翁。

老翁对老子简单地行了礼后,说:"听说先生很有学问,今日,老翁我想向先生请教。"

老翁自鸣得意地说:"我今年已经106岁了。但不瞒先生,从小到大,直到现今,我一直是游手好闲地轻松生活。和我年纪相仿的人都已经驾鹤西去,他们开垦了众百亩的田地却没有一席之地,修了万里长城而未享辚辚华盖,建了四舍屋宇却落身于荒野郊外的孤坟。

而我虽然一生也不曾拥有他们那样的耕作,但我依然是吃着五谷;虽然一生也没有置过片砖只瓦,但我依然居住在能够挡风避雨的屋子里。请问先生,对于他们一生的劳作,我是否可以认为忙忙碌碌一生,辛勤耕作一生,到头来却仅仅换来的先人一步而去呢?"

老子听了老者说的话,笑了,然后说:"请找一块砖头和一块石头来。"

老子将砖头和石头放在了老翁面前,接着说:"这两样东西,如果我让你选择其中一个,那么你会选择砖头还是石头呢?"

老翁笑了,然后很自傲地拿过砖头,说:"砖头是我的选择。"

老子抚须笑着问老翁:"为什么做这样的选择?"

老翁看了看石头,又看了看自己手中的砖头,然后说:"石头连棱角都没有,我要它又有什么用呢?但砖头却不同,它很有用。"

听了老翁说的话，于是老子又问周围的人："你们都选择哪样东西？"众人也都给予了同样的答案："要砖头。"

接着，老子又问老翁："请问石头和砖头相比，两者谁的寿命长？"

老翁回答说："那肯定的石头的寿命长了。"

老子笑着说："虽然石头寿命长，但人们却将其抛弃，而选择寿命短的砖头。这主要就是有用和没用罢了。天地万物都是这样，即使寿命短，但只要对人是有用的，那么，人们都会选择它，短亦不短；相反，寿命长的东西，如果它们对人们没有用处，那么，人们也一样会摒弃它，这么说，长亦是短啊。"

老翁顿然大惭。

庄子的寓言说明不能为物所滞，要把"无用"当做有用。这不由得使我联想到一句西方的幽默：

所谓垃圾，就是放错了地方的好东西。既然放错了地方，就不妨给它换个位置，谁找准了这个"地方"，谁就能让那些"垃圾"大放光彩！

人皆知"有用"之用，而莫知"无用"之用。其实，世上本没绝对无用的东西或失败的事物，只是利用的方式不同罢了。同一种事物，在不同的人眼里，或者在不同的际遇里，往往会有不同的价值。

人生也是如此，这世上本没有天生无用、天生失败或者天生成功的人，关键是你处在什么位置，或者选择了什么样的道路。所以不要说自己一无所有，一无所能，只不过你就像一株佛兰一样，还没有被发现而已。那么，我们何不换一个角度看自己，试着走出去，充分展现自己的长处，在"平庸"中挖掘亮色，从"无用"中寻找价值呢？

庄子是提倡"无用"的，他认为，只要我们拥有广阔的价值取向，那么，"无用"从某种意义上来说，也是"用"，它也有自己的存在方式。因此，不论是"有用"还是"无用"，只要能够秉持开阔的视野，它就都是有用的。

第三章 适时无为，则无不为

【专访总结】

人们都知道活着要有价值，但如何才算有价值呢？在庄子看来，只要做到没有用，就是最有用，这样看似无所作为，但人生在世最根本的东西得到了保证。生活本身就是人的作为。

专访二十：低调是一种高明的智慧

【引子】

南海之帝为倏，北海之帝为忽，中央之帝为浑沌。倏与忽时相与遇于浑沌之地，浑沌待之甚善。倏与忽谋报浑沌之德，曰："人皆有七窍以视听食息，此独无有，尝试凿之。"日凿一窍，七日而浑沌死。

——《庄子·应帝王》

南海的大帝名叫倏，北海的大帝名叫忽，中央的大帝叫浑沌。倏与忽常常相会于浑沌之处，浑沌款待他们十分丰盛，倏和忽在一起商量报答浑沌的深厚情谊，说："人人都有眼耳口鼻七个窍孔用来视、听、吃和呼吸，唯独浑沌没有，我们试着为他凿开七窍。"他们每天凿出一个孔窍，凿了七天浑沌也就死去了。

【专访】

庄子透过这段话告诉世人，不要总是想着如何管理他人，管理好自己，把自己管好，就是最重要的。

庄子说："道德毁败是因为他追求名声，智巧外露是因为他喜好竞争。名声是相互倾轧的原因，智巧是互相争斗的工具。二者都是凶器，不可以推行于世。"从这句话我们可以看出，庄子告诫世人，为人处世要懂得低调，不要为了在他人面前展示自己而过分炫耀，这样很容易树敌，给自己带来灾难。

"行谨则能坚其志，言谨则能崇其德"。"谦虚谨慎"四个字浓缩了做人修养德性的精华。古往今来，多少仁人志士都以"谦虚谨慎"作为自己的人生准则，修心养性，慎言谨行，从不张扬自己，终能成大业。

然而，在我们的生活中，常常会看到很多人，他们总是喜欢在人群中自我炫耀，总是认为自己的能力很强，自己很优秀，自以为是。可是这样的人，一旦你分配给他们一项任务要求他们完成时，他们却又变得拘谨起来，平时爱炫耀的他们此时却变得像霜打的茄子一样打蔫了。为什么会这样呢？主要就是因为他们根本没有什么真正的才能本事，仅仅是依靠嘴皮子哄骗人而已，所以在做事的时候往往就败下阵来。因此，在平时的生活、工作中，我们为人一定要谦虚，如果你有才能，那么，无需你刻意去表现，别人也一样会发现，就像人们常说的"是金子总是会发光的"；但如果你仅仅拥有一点才能或者根本无才能，却总是喜欢在人前人后炫耀自己，这样你只会遭人厌恶。

当然，我们也不可否认，在崇尚彰显自己的社会中，这种保持低调的风格已经被绝大多数人所遗忘，甚至抛弃。尤其在职场，人们更是提倡张扬自己。然而，低调更是一种修养，一种谦和，一种现代人必需的品格。没有这样一种品格，过于张狂，就如一把锋利的宝剑，好用而易折断，终将在放纵、放荡中悲剧而亡，无法在社会中生存。

然而，对于此，庄子又是怎样解释的呢？

《庄子·内篇》中说，因众以宁所闻，不如众技众矣。意思是说要是存在出人头地的心理，何尝又能够超出众人呢？

庄子认为，世间的每一个人都想出人头地，但这个过程中必须保持着平常心态，不可强出头，否则事情不仅不会达到预想的结果，反而会

第三章 适时无为，则无不为

向相反的方向发展，与自己原有的设想出现偏离。因此，庄子告诫世人，一个人在社会上生存，必须学会低调哲学，收敛自己的锋芒，这样才能使自己更少地受到伤害，才能保护自己。

有这样一个故事。

从前森林里的大象经常遭到猎人的捕杀，但他们捕杀大象的目的不是为了获得大象的躯体，因为大象的身躯太庞大，他们捕杀大象的目的仅仅是为了获得象牙。于是，大象为了保护自己免遭杀害，四处躲藏，但是，人是聪明的，无论大象怎样躲藏，聪明的人依然能找到大象，并将其杀害。然而，在这些大象中，有一头大象特别聪明，它从未遭到过人类的捕杀，甚至，很多的时候，它还经常到人们居住的地方溜达，与人类相处得十分友好。对此，其他的很多大象都感到难以理解。

于是，很多大象针对此事向它询问缘由："你是不是有什么方法啊，为什么人类不捕捉你，而且还和你相处得十分友好，而总是残杀我们呢？"

"那么，你们发现我和你们的不同了吗？"那头大象反问道。

"啊！你没有牙，你的牙呢？"其他大象很诧异地问。

"我的确没有牙，在我很小的时候，我就开始磨牙，也正是因为我没有牙，所以人类与我很友好，从不捕杀我，我的生命很安全，我也很自由！"这头大象说。

自古以来，象牙都是备受瞩目的，尤其是在大象这个群体中，象牙更是它们引以为傲的资本，然而，也正是这个荣誉给它们带来了灾祸。而文中的那头大象，它却懂得磨掉象牙，将自己的荣誉放低，这不失为绝佳的保身策略。

而人又何尝不是如此呢？

庄子在《人间世》中，多次告诫世人要懂得低调，不要像"志大才疏"的螳螂一样，自恃本事大，性格狂妄，喜欢卖弄自己，结果最后死于非命。

　　一个人如果很有才华，处处展露锋芒，彰显自己高傲的姿态，那么，这样不仅难以引起他人的重视，反而会加剧别人对你的嫉恨，这样往往是自制陷阱。

　　所以说，一个人，即使你非常有能力，但也要懂得低调，不要总是摆出一副全能型人才的姿态。在当今竞争激烈的社会中，彰显自己是正常的，但一定要懂得选择恰当的场合、恰当的时机，不要处处展露锋芒，这样的行为貌似聪明，实则愚蠢至极。

　　曾经读到过这样一则寓言，很受启发。

　　有一个大大的果园，很久以来，里面生长着很多的果树。这些果树被高高的围墙保护着，一直以来，果树们都健康、安全地生长着，它们互相帮助，互相关心，和谐相处。然而，突然有一天，果园里来了一棵核桃树，核桃树长得高大英俊，很受其他果树的欢迎。于是，很多果树们都主动上前与它谈话，与它结交朋友。但渐渐地，核桃树与大家熟识之后，它突然冒出一个想法，对大家说："我们长得如此美丽，结果却每天生长在高高的围墙内，这么多年来一直是这样，我们拥有这么多的才能，何苦要生长在这里呢。我们要走出高墙，让所有经过这里的人都见识一下我们。"

　　听了它的话，其他的果树奉劝它说："千万不要这么想，这些年来，我们之所以能够健康、快乐地成长，正是因为有高墙的保护，如果我们将自己的身体伸出墙外，那么，经过这里的人就会摧残我们的身体。那时，我们就会受到伤害了。"

　　然而，高傲的核桃树并没有听从其他小伙伴的劝告，一意孤行地将自己的身体伸出墙外。到了收获的季节，核桃树结出累累果实，十分吸引众人。结果过路人都伸手去摘它的果实，甚至在无法摘到的时候，直接将它的枝条折断，或者用棍棒敲打。结果，没过多久，核桃树原本健硕的身体被路人摧残得遍体鳞伤。

因为自己有着出众的地方，就自命不凡，一定要走出自己生活的圈子去展示自己，并美其名曰"超凡脱俗"，殊不知"超凡脱俗"背后往往隐藏着巨大的灾难，这是难以预料的。而只有在自己受到伤害之后，才会意识到，但此时已经悔之晚矣。

一个人在这个社会上生存，往往要面对各种各样的人群，争强好胜正是祸患的起源。从某种意义上说，"低调做人"不是胆怯与懦弱，它会带给你别样的境界。

【专访总结】

古人云："勿睹天际彩云，常疑好事皆虚事；再观山中古木，方信闲人是福人。"楚王请庄子做官，庄子推辞不去，正说明他对"木秀于林"的理解是多么深刻。在人的一生中，能够建立自身根基的不外乎两件：一件是做人，一件是做事。的确，做人之难，难于从躁动的情绪和欲望中稳定心态；成事之难，难于从纷乱的矛盾和利益的交织中理出头绪。而最能促进自己、发展自己和成就自己的人生之"心机"便是低调做人，高调做事。

专访二十一：不争是一种境界

【引子】

意而子见许由。许由曰："尧何以资汝？"

意而子曰："尧谓我：'汝必躬服仁义而明言是非。'"

许由曰："而奚来为轵？夫尧既已黥汝以仁义，而劓汝以是非矣，汝将何以游夫遥荡恣睢转徙之涂乎？"

意而子曰："虽然，吾愿游于其藩。"

许由曰："不然。夫盲者无以与乎眉目颜色之好，瞽者无以与乎青黄黼黻之观。"

意而子曰："夫无庄之失其美，据梁之失其力，黄帝之亡其知，皆在炉捶之间耳。庸讵知夫造物者之不息我黥而补我劓，使我乘成以随先生邪？"

许由曰："噫！未可知也。我为汝言其大略。吾师乎！吾师乎！齑万物而不为义，泽及万世而不为仁，长于上古而不为老，覆载天地、刻雕众形而不为巧，此所游已！"

——《庄子·大宗师》

意而子去拜访许由。许由说："尧教导你什么了？"

意而子说："尧告诉我：'你一定要力行仁义且明辨是非。'"

许由说："那你还来我这里做什么呢？尧既然已经用仁义在你的额上刺青，又用是非割掉了你的鼻子，你怎么还能够遨游于逍遥多变的'道'途上呢？"

意而子说："虽然这样，我还是希望能游处于'道'的边缘。"

许由说："那没办法。就像盲人无法观赏眉目与容颜的美好，瞎子无法鉴赏锦绣多彩的花纹。"

意而子说："无庄忘记自己的美丽，据梁放弃自己的勇力，黄帝忘记自己的知识，他们都是经过了'道'的锤炼才得'道'的。如何知道造物者不会消除我脸上的刺青，修补我残缺的鼻子，使我得以恢复而来追随先生呢？"

许由说："唉！这是无法预知的。我给你说个大概吧。我伟大的宗师啊！我伟大的宗师啊！它调和万物不是为了正义，恩泽施于万世不是为了仁慈，生于上古不是为了长寿，覆天载地、雕创众物之形不是为了显耀技巧。这就是逍遥游的境界了。"

【专访】

　　世间的真正君子，他的心态永远是与世无争的。他们在行为上不会与人相争；他们在名利上也不会与人相争，所以，在这种不争心态的引导下，他们活得很轻松，很幸福。因此，他们可以逍遥自在地生活。故而，人如果想要让自己活得潇洒，就需要拥有一种淡泊的心境、不争的智慧。

　　在现实生活当中，我们常常因为不懂得放弃所谓的固执、不肯放手，而不得不面对许多无奈的痛苦，其实这些让我们身陷其中而无法自拔的困境，貌似无法解脱，实际上在我们懂得了不争的艺术之后，一切都变得豁然开朗了起来。

　　《庄子·齐物论》中说："是亦彼也，彼亦是也。彼亦一是非，此亦一是非。"意思是，此也是彼，彼也是此；彼有彼的是非，此有此的是非。

　　庄子的这句话乍听起来有些虚无的味道。然而，当我们细细品味庄子老先生的这句话时，你会发现，庄子先生通过这句话告诉我们，很多的东西，虽然在表面上看是针尖对麦芒的，但如果你能用不争的心态来看待此事物，那么，你会发现，你的心情往往会好很多。

　　在生活中，与别人发生争论的事情时有发生，在争论的当时，双方彼此可能都会站在自己的立场上来思考问题，此时的争论也往往是从各自的立场出发的，所以，这样的争论永远称不上是客观公正的。就像《两小儿辩日》中那两个辩日的小孩一样。一个孩子说，太阳在早上起来的时候距离我们最近，因为太阳在早上刚刚升起的时候很大，像车盖一样；而到了中午的时候，太阳就变小了，像盘子一样。另一个小孩说，中午太阳离我们最近，而早晨太阳离我们最远，因为中午的时候，太阳照在人身上暖暖的；而早上的时候，太阳照在人身上却感觉不到暖意。

对于这个问题，如果从科学的角度来说，显然，两人的分析方法是错误的，但是，在他们的心目中，他们却认为自己说的是正确的。原因就在于他们不知道"彼有彼的是非，此有此的是非"。

而这也往往是我们生活中经常出现的问题，在面对一个问题的时候，我们总是习惯性地将对方的立场抛开，而站在自己的立场上去考虑问题，这种固执的做法显然违背了不争的智慧。所以，在争辩的时候，我们要站在彼此的立场上去考虑问题，这样，很多的争论都可以避免，同时，你的心情也会随之开阔很多。

做自己能做的事情是一种勇气，放弃自己做不到的事情是一种智慧。

有一位登山队员去攀登珠穆朗玛峰。经过奋力拼搏，攀爬到 7800 米的高度时，他感到体力支持不住，于是断然决定停了下来。当他讲起这段经历时，朋友们都替他惋惜，为什么不再坚持一下呢？为什么不再咬紧一下牙关，爬到顶峰呢？

他从容地说："不，我最清楚自己了。7800 米的海拔是我登山能力的极限，所以我一点儿也不感到遗憾。"

人的能力终究是有限的，每个人都有自己做不到的事。相信自己做不到的事，就是做不到，坦然处之，不会觉得自己低人一等，更不会影响自信心，这就是对自己能力不足的信任。做自己能做的事情是一种勇气，放弃自己做不到的事情是一种智慧。

莎士比亚说过，最大的无聊是为了无聊而费尽辛苦。历史上曾有许多人热衷于永动机的制造，有的甚至耗尽了毕生的精力，却无一成功。

第三章 适时无为,则无不为

达·芬奇也曾是狂热的追求者之一,然而一经实验他便断然放弃,并得出了永动机是根本不可能存在的结论。他认为那样的追求是种愚蠢的行为,追求"镜花水月"的虚无最后只能落得一场空。

如果一个人执意于追逐与获得,执意于曾经拥有就不能失去,那么就很难走出患得患失的误区,必将会为达到目的而不择手段,甚至走向极端。为物所累,将成为一生的羁绊。"执著就能成功"或许曾经是无数人的励志名言。不错,在岁月的沧桑中背负着这份执著,有过成功也有过失败,尽管筋疲力尽,伤痕累累却不曾放弃。直到岁月在艰难中踯躅而行,蹉跎而逝,才蓦然发现现实的残酷不允许我们有太多奢望,所谓的执著也不过是碰壁之后一份愚蠢的坚持。于是,我们开始反思,一个人注定不可能在太多领域有所建树,要学以致用,要根据自己的实际,不能不顾外界因素和自身的条件而头脑发热,草率行事,要清楚追求的目的是什么。为了心中那座最高的山,痛定思痛后我们依然要选择适时不争,不争那些能力以外、精力不及的空想,不争那些不切实际的目标,在惋惜之余得到最大的解脱,同时发现幼稚的激情已被成熟和稳健所代替,生命因之日渐丰腴起来,谁说这样的不争不是一种明智?

【专访总结】

生活中的很多事情都需要我们不争,执著地追求和达观的生活态度从来就不是矛盾的。所谓"有所不为,才能有所为""退一步海阔天空""山穷水尽疑无路,柳暗花明又一村",这些都恰恰道出了前人在有限的生命里面对无限的大千世界时的感悟。

不争,说到底是一个人真正属于了自己,真正懂得了如何驾驭自己。

专访二十二：智者强屈尊，愚者强伸头

【引子】

既使我与若辩矣，若胜我，我不若胜，若果是也，我果非也邪？我胜若，若不吾胜，我果是也，而果非也邪？其或是也，其或非也邪？其俱是也，其俱非也邪？我与若不能相知也。

——《庄子·齐物论》

倘使我和你展开辩论，你胜了我，我没有胜你，那么，你果真对，我果真错吗？我胜了你，你没有胜我，我果真对，你果真错吗？难道我们两人有谁是正确的，有谁是不正确的吗？难道我们两人都是正确的，或都是不正确的吗？我和你都无从知道。

【专访】

由庄子的话可知，即使可以"服人之口"，却未必可以"服人之心"，那就更谈不上谁拥有绝对的真理了，因为在辩论中很可能根本没有真理可言。我们需要做的只是"屈尊"，屈尊才是智者的选择。

"屈"与"伸"，苦乐同在，祸福相依，成败相生。

明代冯梦龙在其著作《智囊》中认为人与动物一样，当其形势不利时，应当暂时退却，以屈求伸，否则，必将倾覆以至灭亡。他说：智是术的源泉；术是智的转化。如果一个人不智而言术，那他就会像傀儡一样，百变无常，只知道嘻笑，却无益于事，终究不能成功事业。反过来，如果一个人无术而言智，那他就像御人舟子，自我吹嘘运楫如风，

第三章 适时无为,则无不为

无论什么港湾险道,他都能通行,但实际上真的遇有危滩骇浪,他便束手无策,呼天求地,如此行舟,不翻船丧命才怪呢!蠖会缩身体,鸷会伏在地上,都是术的表现。动物都有这样的智慧,以此来保全自身,难道我们人类还不如动物吗?当然不是。人更应该学会保护自己,以期发展自己。温和但不顺从,叫做委蛇;隐藏而不显露,叫做缪数;心有诡计但不冒失,叫做权奇。不会温和,干事总会遇到阻碍,不可能顺当;不会隐敝,便会将自己暴露无遗,四面受敌,什么事也干不成;不会用诡计,就难免碰上厄运。所以说,术,使人神灵;智,则使人理智克制。

冯梦龙的屈伸之术说,通俗易懂,古今结合,事理结合,具有一定的说服力。纵观历史,很多历史人物,要想成就自己的事业,实现自己的理想,在必要的时候,大多使用屈伸之术,以保存自己,等待时机,以求东山再起,或另立山头。历史同时也说明,善于使用屈伸之术,该屈则屈,该伸则伸,较好地掌握并运用屈伸辩证法,是许多历史人物成功的重要途径。

有这样一个故事。

张耳和陈馀都是魏国的名士。秦国灭了魏国以后,用重金悬赏捉拿这两人。两个人只能乔装打扮,改名换姓逃到陈国。一天,一个官吏因为一点小事就用皮鞭抽打陈馀。陈馀想起自己以前在魏国是多么受重用,哪里受过这样的侮辱,怒不可遏,当即想起来反抗。张耳在旁见状不妙,便用脚踩了陈馀一下,陈馀终于没吭声。

官吏走后,陈馀还怒气未消。张耳便数落他一顿:"当初我和你是怎么说的?今天受到一点小小的侮辱,就去为一个官吏而死吗?"后来,陈馀和张耳的命运截然不同:张耳成了刘邦的开国功臣,而陈馀辅佐赵王,被韩信斩首。

一个能忍一个不能忍,两人的最终命运,竟有这样大的区别。

屈尊是一种心理成熟，需要在一次次历练中去成就，需要用心去体悟。

俗话说，人，不能只具备"骨架"，还要具备"血肉"，只有如此才能成为一个充满活力的鲜活的人，才会具有光彩照人的生命力。

"屈"，就是一个人的"血肉"，是最富生命力且使人挺立长久的东西。庄子在《山木》篇中讲到了东海有一种名叫"意怠"的鸟，这种鸟非常柔弱，总是挤在鸟群中苟生，飞行时它既不敢飞行在鸟队的前边，也不敢飞到鸟队的后边；吃食的时候从不争先，只拣其他鸟吃剩下的残食。所以，它既不受鸟群以外的伤害，也不引起鸟群以内的排斥，终日悠哉游哉，远离祸患。从这则故事我们不难看出，"屈"，并不是卑弱和不刚，而是一种魅力，一种处世的方法。

"屈"与"伸"，苦乐同在，祸福相依，成败相生。在"屈"中处世，在"伸"中立志；在"屈"中为人，在"伸"中立德；在"屈"中做事，在"伸"中立业。这是古圣先哲为后世留下的宝鉴。古圣先哲为人处世、安身立命的"屈伸学"，原本是效法自然、模仿万物的经验总结。一屈一伸原是人与万物的本能，也是处世求存的智慧。本能是先天的潜力，智能却是后天的功夫。

能屈能伸是一种成功必备的素质，也是善于将尖锐的思想感情含蓄起来的人的本领，行人所不能行，成人所不能成。正因如此，屈伸战术常常也是一种高级韬略。圣人韬光，能者晦迹，收敛锋芒，隐藏才能，这是成大事者的必定策略。

【专访总结】

社会是一个竞争的社会，连自然界也是"物竞天择，适者生存"，更何况人类社会。竞争是世界上的绝对规律，也是世界进步的动力。但这种进攻和斗争又不是简单和一味的，有时也需要忍让和退却，先保存自己积蓄力量等待时机。"留得青山在，不怕没柴烧"，能生存下来就有的是机会，更何况是主动退让、静等机会的有意退让，那就更加注定能够等到胜利了。

专访二十三：大智若愚

【引子】

擢乱六律，铄绝竽瑟，塞瞽旷之耳，而天下始人含其聪矣；灭文章，散五采，胶离朱之目，而天下始人含其明矣。毁绝钩绳而弃规矩，攦工倕之指，而天下始人有其巧矣。故曰：大巧若拙。

——《庄子·胠箧》

搅乱六律，毁折各种乐器，并且堵住师旷的耳朵，天下人方能保全他们原本的听觉；消除纹饰，离散五彩，粘住离朱的眼睛，天下人方才能保全他们原本的视觉；毁坏钩弧和墨线，抛弃圆规和角尺，弄断工倕的手指，天下人方才能保有他们原本的智巧。因此说："最大的智巧就好像是笨拙一样。"

【专访】

古人云："鹰立如睡，虎行似病。"这正是它攫鸟噬人的法术。一个人即便你有绝顶的聪明才智，也要懂得隐藏，要做到才华不逞，这才能称得上是一种任重而道远的智慧。因此，在生活中，你要懂得隐藏自己，要成大事，这是必须具备的功夫。否则，一旦你处处显露自己，那么，你的一举一动将会很容易被他人识破，那时，你就危险了。

为什么这么说呢？

因为适当的笨拙可以让一个人更容易获得成功。"敌军围困万千重，我自岿然不动"，凭的是什么？就是这种适当的"大智若愚的精神"，这种精神可以让一个人在险境重重的时候安然脱险，让一个人在遭遇困境的时候安然自若。相反，如果你处处把自己表现得太聪明，在人群中你总是喜欢做鹤立者，那么，可以说你的幸运也将会随着你的聪明而消失。

有这样一个孩子，一天有人与他做游戏，一个人手中拿着一个5分的镍币和一个1角的银币，那人问这个孩子："你想要哪一枚硬币。"出人意料的是，小男孩居然选择了5分的镍币。周围人用诧异的目光看着这个孩子，甚至还有人说："这孩子真傻，放着一个1角的银币不拿，非要拿5分的镍币，这孩子傻透了。"就因为这样一件事情，使得周围的人都认为这个孩子太傻，所以，人们经常用这种事情与小男孩开玩笑。

事情渐渐传开了，有一天，一位女士对这件事感到十分不解，于是，她纳闷地问道："孩子，难道你不知道那个1角的银币比那个5分的镍币更值钱吗？别人都知道要更值钱的，而你为什么却选择不值钱的那个呢？"小男孩回答说："当然，我当然知道哪个更值钱，但是呢，如果我选择了更值钱的，那么，以后就没有人与我开这种玩笑了，这样我岂不是连5分的镍币也得不到了？"

这个被视为愚蠢的孩子就是美国的第九任总统——威廉·哈立逊。

什么是真正的聪明？真正的聪明就是让别人以为你并不聪明，这是一种很高的境界。如果一个人能达到这种境界，那么此人一定是非常有造化的人。

"大智若愚"被普遍认为是做人智慧中最高的、最玄妙的境界。如果有谁能得到"大智若愚"的评价，那表明他可以在人生舞台上立于不败之地了。这就如同我们平时所说的糊涂哲学。

日常生活中，人们总爱说难得糊涂，实际上这说的是一种大智若愚的糊涂。然而，真正困难的是难得聪明。真正的聪明，看得穿，想得透，无所不知，见识自然与众不同。所以，对小聪明而言，大聪明才是真正的糊涂。不过，到了小聪明之人某日突然醒悟，达到大聪明境界，自然会感慨难得糊涂。其实是难得聪明。

俗话也说，满碗不荡浅碗荡，又说半桶水儿荡得很。

说的都是那种聪明不多、本事不大，却自以为了不起的人。何以至此？眼界限制了自己。若眼界扩大了，便不会如此。正像水一样，满满一桶水，沉甸甸的，便很平静。半桶水，荡起来发现四周都是桶壁，"我好伟大呀！"便越荡越厉害。自己限制自己，便是如此。

孔夫子说了这样一句话："登东山而小鲁，登泰山而小天下。"脚下地势不同，眼界便不同，眼中所见与个人胸怀便不同。就个人表现而言，了解局部情况，个人有一技之长，便沾沾自喜，自以为了不起。如若知道天下的事情，人间的大道理，便会明白强中自有强中手，山外还有高山在。于是，无须鄙薄自己、小看个人，如果一个人真正是个明白人，就永远也不要洋洋自得。

【专访总结】

大智若愚的人，憨厚敦和，平易近人，虚怀若谷，不露锋芒，甚至有点木讷，有点迟钝，有点迂腐；大智若愚的人，宠辱不惊，遇乱不躁，看透而不说透，知根却不亮底。大智若愚的人，大智在内，若愚在外，将才华隐藏很深，给人一副混沌无知的样子。实际上，他们用的是心功。

我们处在一个越来越开放的时代，人人争先恐后地显才露能，人人梦想着出人头地、扬名立万。在这大好形势下，如果你也耐不住寂寞，处处显山露水，争着炫耀自己，想尽办法成为别人妒羡的目标，那么，在你的虚荣心不断得到满足的时候，你就离失败越来越近了。

专访二十四：谦虚是一种明智之举

【引子】

吴王浮于江，登乎狙之山。众狙见之，恂然弃而走，逃于深蓁。有一狙焉，委蛇攫搔，见巧乎王。王射之，敏给搏捷矢。王命相者趋射之，狙执死。

王顾谓其友颜不疑曰："之狙也，伐其巧恃其便以敖予，以至此殛也，戒之哉！嗟乎，无以汝色骄人哉！"颜不疑归而师董梧以助其色，去乐辞显，三年而国人称之。

——《庄子·徐无鬼》

吴王渡过长江，登上猕猴聚居的山岭。猴群看见吴王打猎的队伍，惊惶地四散奔逃，躲进了荆棘丛林的深处。有一只猴子留下了，它从容不迫地腾身而起抓住树枝跳来跳去，在吴王面前显示它的灵巧。吴王用箭射它，它敏捷地接过飞速射来的利箭。吴王下命令叫来左右随从打猎的人一起上前射箭，猴子躲避不及抱树而死。

吴王回身对他的朋友颜不疑说："这只猴子夸耀它的灵巧，仗恃它的便捷而蔑视于我，以至受到这样的惩罚而死去！要以此为戒啊！唉，不要用傲气对待他人啊！"颜不疑回来后便拜贤士董梧为师用以铲除自己的傲气，弃绝淫乐辞别尊显，三年时间全国的人个个称赞他。

【专访】

庄子用一只逞能的猴子告诫人们要放下骄傲，以一颗平常心来看待自己的优点和优势。本领不可夸，智慧不可耀，锋芒常常会招来祸害，

第三章 适时无为,则无不为

《三国演义》中的"杨修之死"就是这则寓言的现实版。"满招损,谦受益",自古皆然。谦虚的好处说起来也许太抽象,但自满的弊端却俯拾即是。

谦虚作为一种美德,后人又应该怎样理解呢?

骄傲是无知的别名,自满是智慧的尽头。值得注意的是,"谦虚"不是自卑,而是实事求是、自尊、自爱和自信,如此才能保持清醒的头脑。

曾国藩是中国历史上最有影响的人物之一。

道光年间,曾国藩在北京做官,血气方刚,年轻气盛,加之一路顺风,平步青云,傲气不少。他参清德,参陈启迈,参鲍起豹,或越俎代疱,或感情用事,办理之时,固然干脆痛快,却没想到锋芒毕露、刚烈太甚,伤害了这些官僚的上下左右,无形之中给自己设置了许多障碍,埋下了许多意想不到的隐患。

咸丰七年在家守制时,经过一年深刻的反省,曾国藩才开始认识到自己办事常不顺手的原因。此次反省之后,使曾国藩进一步悟出了一些在官场中的为人之道:"长傲、多言二弊,历观前世卿大夫兴衰及近日官场所以致祸之由,未尝不视此二者为枢机。""历观名公巨卿,多以长傲、多言二端而败家丧生。天下古今之才人,皆以一傲字致败;天下古今之庸人,皆以一惰字致败。"他总结了这些经验和教训之后,便苦心钻研老庄道家之经典,潜心攻读《道德经》和《南华经》,经过默默地体会,细细地品味,终于大彻大悟,悟出了为人处世的奥秘。这些貌似出世之书,实则讲述了入世之道。只不过孔孟是直接的,老子则主张以迂回的方式去达到目的;申韩崇尚以强制强,老子则认为"柔胜刚,弱胜强"。尘世间唯大智慧者可善下,唯善下者从不谄上欺下,从不自高自傲,始终虚怀若谷进退自如,方可成大气候。水能屈能伸,它常悄悄然,从从容容,缓缓浸润,渗透到许多最神秘的旮旯。看宽广的大江,滔滔东去,浩浩然直奔沧海,没有翻腾,没有咆哮,没有澎湃,坦然迂回在广阔平原上,其理智,其涵养,其深沉,其宽厚,正如一部活生生的《道德经》,滋润着中华民族的智慧。千古哲思,至理名言,老子真是个将天下竞争之术揣摩得最为深透的大智慧者!曾国藩研读得入了迷。尘世间许多棘手的事情,既然用直接的、以强对强的手法有时不能行得通,而迂回的、间接的、柔弱的方式也可以达到目的,战胜强者,且不至于留下隐患,为什么不采用呢?这其中深邃的哲理、浩瀚的智慧,都令他深深折服,悠然神往,心灵产生了许多难以言喻的共鸣。至此,曾国藩又终于悟出了老庄和孔孟并非截然对立的,两者结合既能做出掀天揭地的大事业,又可泰然处之,保持宁静谦退之心境。

这则故事其实也告诉我们为人处世一定要谦虚,不要锋芒毕露。一个人如果自以为是,盛气凌人,表现出一种刚强不可一世的逼人态势,结果反而使人畏而不服,甚至树敌太多,以致失败。

美国汽车大王福特曾说:"一个人如果自以为有了许多成就就止步不前,那么他的失败就在眼前了。许多人一开始就奋斗得十分起劲,但前途稍露光明后,便自鸣得意起来,于是失败立刻接踵而来。"

石油大王洛克菲勒说:"当我的石油事业蒸蒸日上时,每晚睡觉前总是拍拍自己的额头说,'别让自满的意念搅乱了你的脑袋'。我觉得我的一生受这种自我教训的益处很多,因为经过这样的自省后,我那沾沾自喜、自鸣得意的情绪便可平静下来了。"

懂得谦虚就是懂得人生无止境,事业无止境,知识无止境。知之为知之,不知为不知,知不知者,亦为知。海不辞滴水,故能成其大;山不辞抔土,故能成其高;有谦乃有容,有容方成其广。人生本来就是克服一个又一个的障碍而前进的,攀登事业的高峰就像跳高,如果没有一刹那间的下蹲积聚力量,怎么能纵身上跃?人生又像一局胜负无常的棋,我们无法奢望自己永远立于不败之地。况且,"鹤立鸡群,可谓超然无侣矣,然进而面于大海之鹏,则渺然自小;又进而求之九霄之凤,则巍乎莫及。"只有建筑在谦虚谨慎,永不自满的基础之上的人生追求才是健康的、有益的;才是对自己、对社会负责的;也一定是会有所作为、有所成功的。

经常看到这样的人,在大庭广众、众目睽睽之下,双目昂视,面色凛然,傲气冲天,旁若无人。还有的人,生怕别人不知道他才高八斗,无论是走到哪里,话说三句不忘为自己宣传,即便有时做谦卑之状,也是以退为进,毫无诚意之言。

谦虚是内心的和谐,是心胸开阔的表现,而不是狭隘、口是心非的伪善。

《庄子·秋水》中还讲了一个河伯见北海若的故事来阐明"虚心"的道理。秋天来临的时候,水流汇集到一处,河流变得更加宽阔,河中的神灵河伯开始自大起来,觉得自己非常伟大,天下无人能比。可是,当他顺流而下到达北海的时候,面对无边无际、烟波浩淼的大海,河伯惘然若失。在这个时候,北海中的神灵北海若教导河伯说:"我和你比较起来,的确是大得无可比拟,但如果和无限的宇宙比较起来,我就像大山中的一块小石子、一棵小树苗。"庄子借这个典故告诫人们,我们的心灵往往受到自己的生活环境、已有见识和固有成见等的限定,局限性有时候是不可避免的,但作为万物之灵的人类,具有一定的理性,我们应该认识到自己的有限,需要在无限的宇宙面前保持虚心,不要骄傲自大。

因此,在庄子看来,"虚心"是非常有必要的,而且是一个人立身处事的基本规范。任何时候都不能骄傲自大,偏执一方。我们要努力开阔自己的眼界,放眼无穷的宇宙和无尽的大道,真正使自己达到"自由"的境界。

生活中也不乏有一种看似"谦卑"的人,他们在优于自己的人面前表现得谨小慎微，看似极度"谦卑"，甚至于猥琐和毫无廉耻地献媚；在比他势弱的人群前却目空一切，张狂甚至对他人进行攻击和伤害，这不由使人想起了阿Q欺负阿D时的愚昧滑稽之情景，有感于阿Q"子孙"的繁衍。这种人，其实与"谦卑"无缘，他们从骨子里肤浅轻薄、无知虚弱，对人生的认识也是十分有限。

泰戈尔曾经说过："当我们大为谦卑的时候，便是我们最近于伟大的时候。"孔子是至圣先师，其闻道、品德岂是我们所能及？但孔子仍然能够秉持"谦卑"的态度，虚心地向郯子、师襄、苌弘、老聃等人学习。我曾见过很多能人，他们是弄潮的健儿，但他们永远都是一副谦卑的姿态，尽管他们的事业是我们根本不能望其项背的。

加尔多斯说过这样的话："有一种美德的幼芽是一切道德之母，这就是谦卑，有了这种美德我们会其乐无穷。"真的如此，谦卑，它是一种力量！

【专访总结】

成熟了的稻穗，永远是低垂着自己的头颅；而干枯了的芦秆，却高挺着自己空虚的身板。这一高一低，一生一死，像滴水折射大海一样，折射着自然的生存法则和生命真相。

满招损，谦受益。虚怀若谷，能纳百川于胸中；骄傲自满，必难吸收有用之物。相对于宇宙万物，人是很渺小的。世界之大，个人所作所为，都是渺小的。人生有涯而学海无涯，一个人不管知识多么渊博，也不过是沧海一粟。其实，当一个人获得了一点点小成就而沾沾自喜、自以为是的时候，他也就从此停滞不前，离成功越来越远了；当一个人深受别人景仰的时候能够以一种淡然的心境去对待，他脚下的路也必然是越走越开阔的。

第三章 适时无为,则无不为

专访二十五:无用与有用

【引子】

惠子谓庄子曰:"魏王贻我大瓠之种,我树之成,而实五石。以盛水浆,其坚不能自举也。剖之以为瓢,则瓠落无所容。非不呺然大也,吾为其无用而掊之。"

庄子曰:"夫子固拙于用大矣!宋人有善为不龟手之药者,世世以洴澼絖为事。客闻之,请买其方百金。聚族而谋曰:'我世世为洴澼絖,不过数金;今一朝而鬻技百金,请与之。'客得之,以说吴王。越有难,吴王使之将,冬与越人水战,大败越人,裂地而封之。能不龟手一也,或以封,或不免于洴澼絖,则所用之异也。今子有五石之瓠,何不虑以为大樽,而浮于江湖,而忧其瓠落无所容?则夫子犹有蓬之心也夫!"

——《庄子·逍遥游》

惠子对庄子说:"魏王送我大葫芦种子,我将它培植起来后,结出的果实有五石容积。用大葫芦去盛水浆,可是它的坚固程度承受不了水的压力。把它剖开做瓢也太大了,没有什么地方可以放得下。这个葫芦不是不大呀,我却因为它没有什么用处而砸烂了它。"

庄子说:"先生实在是不善于使用大东西啊!宋国有一善于调制不皲手药物的人家,世世代代以漂洗丝絮为职业。有个游客听说了这件事,愿意用百金的高价收买他的药方。全家人聚集在一起商量:'我们世世代代在河水里漂洗丝絮,所得不过数金,如今一下子就可卖得百金，还是把药方卖给他吧。'游客得到药方，来游说吴王。正巧越国发难，吴王派他统率部队，冬天跟越军在水上交战，大败越军，吴王划割土地封赏他。能使手不皴裂，药方是同样的，有的人用它来获得封赏，有的人却只能靠它在水中漂洗丝絮，这是使用的方法不同。如今你有五石容积的大葫芦，怎么不考虑用它来制成腰舟，而浮游于江湖之上，却担忧葫芦太大无处可容？看来先生你还是心窍不通啊！"

【专访】

　　世间没有绝对的标准，"有用与无用""美与丑""有成就与没有成就"，甚至于"长或短""胖或瘦"等，都是人为所定，它们会随着时代的演变、社会的发展而改变。用一把绝对的尺子来测量甚至作为衡量得失的标准，只会自寻烦恼。所以，一个物体究竟是有用还是没有用，关键是要看你会不会用。一旦进入物我合一的境界，就可以与物融为一体，知其用、悟其妙，并且深知它的来历，从而明白物、我与一切的往昔、现在与将在，就可以借一切事物的妙用实现自我。

　　庄子说："山木自寇也，膏火自煎也。桂可食，故伐之；漆可用，故割之。人皆知有用之用，而莫知无用之用也。"

　　庄子先生指出，世上的一切东西都是有用的，都是有价值的，关键在于使用者。常人越是感到没有用的东西，其实，它的作用就越大，为什么这么说呢？很简单，举个例子来说，在生活中，真正的身居领导之位的人往往十分和蔼、平易近人，他们懂得隐藏自己；而那些轻则对人颐指气使，重则对人大呼小叫的往往是一些小头目，凭借自己有一点点的权力就作威作福，对人尖酸刻薄，总是处处显摆自己。而这两种人也就相当于我们所说的"有用"与"无用"，真正有用的东西往往懂得隐藏，其实他们的用处很大，只是需要你有一双慧眼，能够识别他们；而没有用的东西往往把自己彰显出来，生怕被别人忽略，对于这样的东西，我们不需要细致的差别，就能将其辨认出。所以说，越是无用之物，越可以大用。

然而，为什么有时我们会觉得某物无用，这是因为那时我们没进入物我合一的境界，物是物，我是我，毫不相干，因此不能理解此物的用处、妙处，更不知道此物大有来头。

有个木匠到齐国去，经过曲辕这个地方，看见一棵被世人当做神树的栎树。这棵栎树树冠大到可以遮蔽数千头牛，用绳子绕着量一量树干，足有10丈粗，树梢高临山巅，离地面80尺处方才分枝，用它来造船可造10余艘。观赏的人群像赶集似地涌来涌去，而这位木匠连瞧也不瞧一眼，不停步地往前走。

他的徒弟站着看了许久，跑着赶上了木匠，说："自我学艺以来，从不曾见过这样壮美的树木。可是先生却不肯看一眼，不住脚地往前走，为什么呢？"

木匠回答说："算了，不要再说它了！这是一棵什么用处也没有的树，用它做成船定会沉没，用它做成棺椁定会很快朽烂，用它做成器皿定会很快毁坏，用它做成屋门定会流脂而不合缝，用它做成屋柱定会被虫蛀蚀。这是不能取材的树，没有什么用处，所以它才能有如此寿延。"

老子说："贵大患若身。"意思是大患难、大忧患是宝贵的，我要珍惜它像珍惜自己的身体一样。

孟子说："生于忧患，死于安乐。"

庄子说："无所可用，安所困苦哉！"

无用也是有用，仔细想来，这是一种高境界的追求，人一旦能够杜绝杂念，而追求自己的境界，那么，将来一定会有更高的用处。

《易经》开篇就说："潜龙勿用。"意思是龙要飞腾，就不能见风就起，必须有所待，要少安毋躁，他日才能真飞。个中道理，我们在前文已讲明，龙之飞与鲲之跃道理相同。

总之，世间万物一切都有用处的。当我本身无用于世时，就是即将大用于天道时，要积极善待自身。

庄子曰："举世誉之而不加劝，举世非之而不加沮。"就是这个意思。

【专访总结】

世人皆知有用之用，而不知无用之用。从这个意义上说，一切事物都有用处，都可以助我修炼。所以，眼光不只是用来看脚下的路，还要看身边的路；同样，眼光不能死盯一人的某一处，而要观察一人的多处，或者是几个人的共同点，这才叫看问题的高手。

专访二十六：聪明反被聪明误

【引子】

世俗之人，皆喜人之同乎己而恶人之异于己也。同于己而欲之，异于己而不欲者，以出乎众为心也。夫以出乎众为心者，曷常出乎众哉！

——《庄子·在宥》

世俗人都喜欢别人跟自己相同而讨厌别人跟自己不一样。希望别人跟自己相同，不希望别人与自己不同的人，总是把"出人头地"当做自己主要的内心追求。那些一心只想"出人头地"的人，何尝又能够真正超出众人呢！

【专访】

庄子认为，无为无欲，处于自然状态，才是大智；通过后天获得知识，人变得有为有欲，违背自然，则是小智。因而只得一切顺其自

第三章 适时无为,则无不为

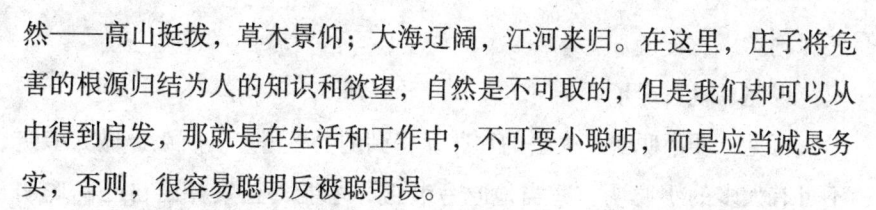

然——高山挺拔,草木景仰;大海辽阔,江河来归。在这里,庄子将危害的根源归结为人的知识和欲望,自然是不可取的,但是我们却可以从中得到启发,那就是在生活和工作中,不可耍小聪明,而是应当诚恳务实,否则,很容易聪明反被聪明误。

聪明易被聪明误,容易把春光看做秋风,用自造的凄凉来折磨自己。

一次,一个猎人捕获了一只能说70种语言的鸟。

"放了我,"这只鸟说,"我将给你三条忠告。"

"先告诉我,"猎人回答道,"我起誓一定会放了你。"

"第一条忠告是,"鸟说道,"做事后不要懊悔。

第二条忠告是,如果有人告诉你一件事,你自己认为是不可能的就别相信。

第三条忠告是,当你爬不上去时,别费力去爬。"

然后鸟继续对猎人说:"该放我走了吧?"猎人依言将鸟放了。

这只鸟飞起后落在一棵高树上,并向猎人大声喊道:"你真愚。你放了我,但你并不知道在我的嘴中有一颗价值连城的大珍珠。正是这个珍珠使我这样聪明。"

这个猎人想再次捕获这只鸟,他跑到树下开始爬树。但是当爬到一半的时候,他掉了下来并摔断了双腿。

鸟嘲笑他并向他喊道:"笨蛋!我刚才告诉你的忠告你全忘记了。我告诉你一旦做了一件事情就别后悔,而你却后悔放了我;我告诉你如果有人对你讲你认为是不可能的事,就别相信,但你相信像我这样一只小鸟的嘴中会有一个很大的珍珠;我告诉你如果你爬不上去时,就别强迫自己去爬,而你却追赶我并试图爬上这棵大树,还掉下去摔断了你的双腿。

希望你永远记住——对聪明人来说,一次教训比蠢人受一百次鞭挞还深刻。"

说完鸟就飞走了。

可见,耍小聪明,失去的往往比得到的要多得多。所以,做人一定不可有太多的小聪明,适当地吃亏装傻,才能真正发挥出自己的聪明才智。

生活中,人们常常说这样一个词汇"大巧若拙",然而,"大巧"隐藏的是什么,其实就是不要耍小聪明。

"大巧",是对自然的深刻洞悉和理解。自然是非常神圣的,它看似在无声无息中孕育万物,造化万物,它从不因为自己的这种能力而卖弄自己,也从不给自己的功绩留下太多的让人赞赏的地方,看上去似乎他们并没有做出什么,但其实它们是无为而无所不为。

人们常说"有心栽花花不开,无心插柳柳成荫",如果你仔细品味这句话,你会发现其中蕴含了两种精神,刻意去"栽花"是"小巧",无意去"插柳"为自然无为的"大巧",前者是用心太多,而后者是顺其自然。有句话说"机关算尽太聪明,反误了卿卿性命",用心太多,往往事与愿违,顺其自然往往万事顺畅。

【专访总结】

人生需要的是大智慧,而最忌讳的则是小聪明。小聪明本身就具有一种擦抹不掉的悲剧色彩,小聪明总有个性的弱点,个性的弱点总会造就人生的局限,所以大智者的人生常常很成功,小聪明的人可能造就支离破碎的人生。

第三章 适时无为,则无不为

专访二十七:转个"弯"看问题,才能看到全貌

【引子】

子独不闻夫埳井之蛙乎?谓东海之鳖曰:"吾乐与!出跳梁乎井干之上,入休乎缺甃之崖。赴水则接腋持颐,蹶泥则没足灭跗。还虷、蟹与科斗,莫吾能若也。且夫擅一壑之水,而跨跱埳井之乐,此亦至矣。夫子奚不时来入观乎?"

东海之鳖左足未入,而右膝已絷矣。于是逡巡而却,告之海曰:"夫千里之远,不足以举其大;千仞之高,不足以极其深。禹之时,十年九潦,而水弗为加益;汤之时,八年七旱,而崖不为加损。夫不为顷久推移,不以多少进退者,此亦东海之大乐也。"

于是埳井之蛙闻之,适适然惊,规规然自失也。

——《庄子·秋水》

你不曾听说过那浅井里的青蛙吗?井蛙对东海里的鳖说:"我实在快乐啊!我跳跃玩耍于井口栏杆之上,进到井里便在井壁砖块破损之处休息。跳入水中,井水漫入腋下并且托起我的下巴,踏入泥里,泥水就盖住了我的脚背,回过头来看看水中的那些赤虫、小蟹和蝌蚪,没有谁能像我这样快乐!再说我独占一坑之水、盘踞一口浅井的快乐,这也是极其称心如意的了。你怎么不随时来井里看看呢?"

东海之鳖左脚还未能跨入浅井,右膝就已经被绊住。于是它迟疑了一阵子之后又把脚退了出来,把大海的情况告诉给浅井的青蛙说:"千里的遥远,不足以称述它的大;千仞的高旷,不足以探究它的深。夏禹时代十年里有九年水涝,而海水不会因此增多;商汤的时代八年里有七

89

年大旱，而岸边的水位不会因此下降。不因为时间的短暂与长久而有所改变，不因为雨量的多少而有所增减，这就是东海最大的快乐。"

浅井之蛙听了这一席话，惊惶不安，茫然不知所措。

【专访】

庄子特别重视个人心灵的修炼，他主张人们在认识宇宙、人生时，要保持一种虚旷、开放的心灵，千万不要使自己陷在固有的思维模式、心理结构里，不要固步自封。

庄子否认世界上有绝对的真理，反对把好坏对错、是非善恶等应当具体看待、具体分析的复杂问题简单化，尤其反对把自己的成见、偏见当成普遍真理强加于人。

对此，庄子先生与弟子说了这样一段话：

一天，弟子向庄子请教说："辩论可否确定是非？"庄子回答说："假如我和你辩论，你赢了我，你就一定是，而我就一定是非吗？相反，如果我赢了你，我就一定是，而你就一定非吗？难道我俩必须有一个是，有一个非吗？或者说，我们俩都是非吗？既然，我和你都无法判断，那么，人与人之间都坚持自己的意见，这样真理就很难得出结果。我们又该请谁来订正呢？如果你请意见与你一致的人来决断，那么，他的意见肯定与你相同；如果你请意见与我相同的人来决断，那么，他肯定赞同我的意见，也就没有办法裁决了。或者你请意见与你和我都不同的人来决断，既然他还有其他的意见，那么，裁决也就没有必要了。或者你请意见与你我都相同的人来决断，既然结果与你我都相同，那么结果也很难判断出。那么我与你与人都不能确定谁是谁非，再又靠谁来判定呢？"

听了老师这样一番绕口令一般的分析，弟子似乎更加糊涂了。于是，他直截了当地说："那究竟有没有是非之分呢？"庄子先生说："任何事情都是浑然一体的，只是因为观者的角度不同，所以有了不同的判

第三章 适时无为,则无不为

断标准。然而,究竟哪一个是对的,哪一个是错的,这还要看观者的角度,所以说,任何事情并不是固定不变的。孰是孰非,每个人都有各自的观点,并不需要强求达成一致。"弟子若有所思。

《庄子·齐物论》中说:"夫随其成心而师之,谁独且无师乎?奚必知代而心自取者有之?愚者与有焉。"这段话的意思是说,如果依据个人成见作为判断是非的标准,那么谁没有这样的标准呢?何必认为只有通晓事物变化更替之理的智者才有判断是非的标准呢?愚昧的人也是有的。

通过这段话,我们可以看出,庄子先生提醒人们在对一个事物进行判断的时候,不能总是坚持个人的意见,或者一条路走到黑,这是不对的,要懂得用开阔的眼界去看事物,从多个角度去观察、分析,这样才能对事物得出比较客观公正的评价。但是,我们也不可否认,生活中很多人总是对事物武断地下结论,这样就很容易对事物产生偏见,很难能够再对事物有深刻的了解,这就为自己以后的判断堵上了路,妨碍了你对事物的真正认识,所以认识事物要学会转弯。

执竿入城的古老笑话就说了这样一个遇事不懂得转弯的人。

鲁国有个拿着长长的竿子想要进入城门的人,起初竖立起来拿着它,不能进入城门,横过来拿着它,也不能进入城门,他实在想不出办法来了。一会儿,有一位老人来到这里说:"我并不是圣贤,只不过是见到的事情多了,为什么不用锯子将长竿从中截断后进入城门呢?"于是,那个鲁国人依从了老人的办法将长竿子截断了。

因为这个人不懂得思考,胡乱地相信别人的话,照搬照做,只相信老人片面的经验。试想想,他本来要用一根竹竿,截断了又有什么用呢?因此我们一定要开动脑筋,积极地思考,切勿盲目听信他人的语言,这只是自己害自己。

看足球比赛时,经常听到解说员这样的评论:"某某队员完全是在用脑子在踢球。"有的运动员在上场之前信心十足，计划好了如何去踢，而且作了最坏的打算。可是真正上了场，进入到比赛的环节，一切就不是那么回事了，就像出了洞的老鼠蒙头转向，始终处于梦游之中，自然会出现各种各样的失误，且有些是平时训练绝不会出现的失误，甚至是故意地报复对方。而那些头脑清醒、精明作战的运动员则表现出色，发挥超常，最终取胜。

"狭路相逢勇者胜，勇者相遇智者赢"；"敢拼不硬拼，斗智不斗力"。聪明人都是以智取胜。世界著名成功学大师拿破仑·希尔提出"思考致富"，即运用自己的智慧创造财富。如果一个人只知道一味地努力工作，而不会动脑筋思考，这个人最终也不会太富有。

【专访总结】

为了正确地判断人和事，一定要学会让自己的头脑转弯。那么如何才能让自己的头脑转弯呢？胡适在与友人谈治学时曾说，要"心平气和，虚心体察，平心考查一切不合己的事实与证据，抛开成见，跟着证据走，服从证据，舍己从人"。而胡适先生的这段话同样适用于我们对人和事的判断，因为只有心平气和，才不会意气用事，武断地下结论；只有虚心体察，看问题才能全面，不偏颇。

专访二十八：无为而治

【引子】

天地虽大，其化均也；万物虽多，其治一也；人卒虽众，其主君也。君原于德而成于天，故曰，玄古之君天下，无为也，天德而已矣。

——《庄子·天地》

第三章 适时无为,则无不为

天和地虽然很大,不过它们的运动和变化却是均衡的;万物虽然纷杂,不过它们各得其所归结蒂却是同一的;百姓虽然众多,不过他们的主宰却都是国君。国君管理天下要以顺应事物为根本而成事于自然,所以说,遥远的古代君主统驭天下,一切都出自无为,即听任自然、顺其自得罢了。

【专访】

庄子讲"无为而治",大多数人认为这是消极的人生观,颓废的哲学思想,其实不对。庄子的哲学是一种退一进三、以退为进的哲学方式,是更高层、更深远意义上的积极进取。

老子说:"无名之朴,夫亦将无欲。不欲以静,天下将自定。"就是希望统治者能依照道的法则来为政。道法自然,自然是无为的,所以道业无为。静、朴、无欲都是无为的内涵。统治者如果可以依照道的法则为政,不危害百姓,不胡作非为,老百姓就不会滋生更多的贪欲,他们的生活就会自然、平静。

庄子主张无为而为,做到了"无为",实际上也就是有为。不仅是有为,而且是有"大为"。

《庄子》中有一段阳子臣与老子的问答。

有一次,阳子臣问:

"假如有一个人,同时具有果断敏捷的行动与深入透彻的洞察力,并且勤于学道,这样就可以称为理想的官吏了吧?"

老子摇摇头,回答说:"这样的人只不过像个小官吏罢了!只有有限的才能却反被才能所累,结果使自己身心俱乏。如同虎豹因身上美丽的斑纹才招致猎人的捕杀;猴子因身体灵活,猎狗因擅长猎物,所以才被人抓去,用绳子给捆起来。有了优点反而招致灾祸,这样的人能说是理想的官吏吗?"

阳子臣又问:"那么,请问理想的官吏是怎样的呢?"

老子回答："一个理想的官员功德普及众人，但在众人眼里一切功德都与他无关；其教化惠及周围事物，但人们却丝毫感觉不到他的教化。当他治理天下时不会留下任何施政的痕迹，但对万物却具有潜移默化的影响力。"

这才是庄子"无为而治"的至理名言。

道家的无为，并不是无所作为，而是无所不为。

庄子曾说过这样一句话："君子如果迫不得已而莅临天下，莫若无为。"这句话的意思是说，君子如果迫不得已而要统驭天下，最好的办法莫过于无为而治。

唐睿宗时，睿宗的嫡长子李宪受封宋王，十分受宠。睿宗的另一个儿子李隆基聪明有为，他杀死了篡权乱政的韦皇后，为睿宗登上皇位立下了大功。

按照礼制，李宪当被立为太子，有的大臣便对睿宗说："嫡长子李宪仁德忠厚，没有任何劣迹，立他为太子既合礼法，又合民心，望皇上早日定夺。"

睿宗感到李隆基雄才大略，最适合治理天下，所以一时陷入了两难境地。立太子的事于是一拖再拖，没有定论。

李宪看出了睿宗的心思，心有所悟，他对心腹说："父皇不肯立太子，他是对我有疑问呐！李隆基虽不是嫡长子，但他功劳很大，父皇是中意他啊。"

李宪的心腹说："于情于理，太子之位都是你的，这事绝不能相让。我马上和百官联络，共同上书，向皇上说明利害，一定促成这件大事。"

李宪的心腹和百官议定，当他们在起草奏书时，李宪急忙赶来，他对百官说："我考虑了多时，决定放弃太子之位，你们就不要为我费心了。"

百官十分惊诧，他们说："太子之位事关你的前程性命，怎会轻易

第三章 适时无为,则无不为

放弃呢?自古这个位置你争我夺,本是常事。有我们替你说话,你还怕什么呢?"李宪说:"大丈夫做事有所为,有所不为,我是十分慎重的。平王李隆基是我的弟弟,他有大功于国,父皇有心立他为太子也是情理之中的事。我若据理力争,不肯退出,我们兄弟之间必有大的冲突,朝廷就不会平安。如果危及了国家,我岂不是罪人吗?这种事我绝不会干。"

李宪制止了百官,又亲自上书推荐李隆基为太子,他说:"平王文武双全,英勇睿智,他当太子有利于国家,我是衷心拥护他的。我个人的得失微不足道,请父皇不要为我担心,早下决断。"

睿宗很受感动,他对李宪说:"你深明大义,我就放心了。你有什么要求,我一定都会满足你。"

李宪一无所求,他说:"一个人只要顺其自然,就没有什么事可以妨碍他了,我不会强求什么。"

李隆基当上太子后,第一个拜访李宪,他说:"大哥主动让出尊位,不是大贤大德的人难以做到,大哥是如何设想的呢?"

李宪说:"你担当大任,大唐才会兴旺,我不能为了私利而坏了国家大事。望你日后勤政爱民,做个好皇帝,为兄就深感安慰了。"

李隆基连声致谢,又说要和他共享天下。李宪不让他说下去,他告诫李隆基说:"很多事是追求不来的,只有顺应天命,才不会多受损伤。将来治国不要逞强任性,这样效果会更好的。"

后来,李隆基登上了帝位,是为唐玄宗。他顺应民情,推出了一系列利国利民的政策,使唐朝进入了另一个盛世,天下走向大治。

李宪在立太子事情上的无为,是深思熟虑的。他这样做,既避免了一场宫廷内斗,又使自己全身而退,同时还赢得了让贤的美誉,可谓是一举三得,何乐而不为呢?

这种处事准则以虚静无为作为根本,顺应事物本身,因势利导。由于它随外物而变，没有固定的模式或准则，故能穷究事物的真实面目。不先物而动，不后物而行，物来则应之，故能主宰万物。不论有无法则，总能因时而变；不论有无限度，总能顺应事物，与物一致。因此说："圣人永垂不朽，因为他随时应变，无所固执。虚无乃大道的常经；因循是君临万物的大纲。"

"无为而无不为"，这几个字中包含着丰富的哲理。无论做什么事情，都是有所为有所不为的。人生当中，如果有人想无所不为，那么最终的结果就会一无所为。领兵打仗也是这样，有所取就要有所舍，有所攻就要有所守，贪心太大，必遭祸害。

【专访总结】

无为而为，遂有另一层意思，即暂时的"不为"是为了长远的"为"；表面的"不为"是为了实在的"为"。"无为而为"有时候是客观形势逼迫着你收敛锋芒，藏而不露，以求安身立命，以便来日重图大业。这就是所谓的"韬光养晦"之策。

第四章
养生养心，生命健康

  一个人如何理解生命，如何理解生命和外物的关系，这对于养生来说是最根本和重要的东西。在庄子看来，养生主要并不在于养形而是养心，在于全性保真。世间没有一种财富，能胜过身体的健康；也没有一种快乐，能超过内心的喜悦。心中喜乐是人的生命，是圣德的无尽宝藏。人心愉快，可享长寿。

专访二十九：远离世间纷扰，保持元气

【引子】

老聃死，秦失吊之，三号而出。弟子曰："非夫子之友邪？"曰："然。""然则吊焉若此，可乎？"曰："然。始也吾以为其人也，而今非也。向吾入而吊焉，有老者哭之，如哭其子；少者哭之，如哭其母。彼其所以会之，必有不蕲言而言，不蕲哭而哭者。是遁天倍情，忘其所受，古者谓之遁天之刑。适来，夫子时也；适去，夫子顺也。安时而处顺，哀乐不能入也，古者谓是帝之县解。"

指穷于为薪，火传也，不知其尽也。

——《庄子·养生主》

老聃死了，他的朋友秦失去吊丧，大哭几声后就离开了。老聃的弟子问："您不是我们老师的朋友吗？"秦失说："是的。"弟子又问："那么像您这样吊唁朋友，行吗？"秦失说："可以啊！我原以为你们跟随老师多年，都是些超脱物外的人，现在才知道并不是这样。刚才我进去吊唁，有老年人在哭，像在哭自己的孩子；有年轻人在哭，像孩子在哭自己的母亲。他们之所以聚在这里痛哭，一定有人本不想诉说却情不自禁地诉说，本不想哭泣而情不自禁地哭泣的。这样喜生恶死是逃避自然、违背真实的，忘记了人是受命于天的道理，古人称这种做法就叫违背天理的过失。你们的老师匆匆地来到世上，是应时而生；匆匆地离开人世，是顺从自然而死。安于天理和常分，且顺应变化，便不会生悲喜哀乐，古人称这是自然的解脱，就像解除了倒悬之苦似的。"

烛薪的燃烧最终会燃尽，而火种却会传续下去，永不熄灭。

第四章 养生养心,生命健康

【专访】

庄子认为"安时而处顺",在养生问题上,不要有太多的禁忌,不要让太多的条条框框束缚自己的身心,不要刻意地强迫自己做那些难以做到的事。一个人远离了世间的纷纷扰扰就叫懂得了生命常有的法则;懂得了生命常存的法则就叫做智慧精明;被卷进人世间的纷纷扰扰而不能自拔就叫做招致灾殃;卷进人世间的纷纷扰扰就会耗费精气,也叫做硬性消耗阳气。

持守纯和元气是至关重要的,然后才能使精神凝聚。这也是我国古代养生论的重要内容之一。

道家的这种持守住纯和之气,逍遥于天地浑一的元气之中的智慧,也表现在他们对待死亡的态度上。

道家的另一本经典著作《庄子》中记载了这样一件事情。

有一天,子桑户、孟子反、子琴张三人不期而遇。

子桑户说:"天下谁能够相互交往于无心交往之中,相互有所帮助却像没有帮助一样?谁又能登上高天巡游雾里,循环升登于无穷的太空,忘掉自己的存在,而永远没有终结和穷尽呢?"

这正好说到两个人的心里去了,大家心领神会,于是成为好朋友。

天有不测风云,子桑户因故死了。还没有下葬,孔子就派弟子子贡前去帮助料理丧事。到了那里,子贡惊呆了,只见孟子反和子琴张二人一个编曲,一个弹琴,相互应和着唱歌:"哎呀,子桑户啊!哎呀,子桑户啊!你已经返归本真,可是我们还成为活着的人而托载形骸呀!"

见此,子贡快步走到他们近前,说:"请问,对着死人的尸体唱歌,这不太合乎礼仪吧?"孟子反和子琴张二人相视一笑,不屑地说:"你这种人如何懂得'礼'的真实含意!"说完,连理也不理子贡了。

讨得一身无趣,子贡只好回去了。回来后,子贡把见到的情况告诉给孔子,说:"他们都是些什么样的人呢?不看重德行的培养而无礼仪,把自身的形骸置于度外，面对着死尸还要唱歌，容颜和脸色一点也不改变，简直不可救药了。什么人哪？"

孔子沉思良久，说："他们都是远离了世间的纷纷扰扰的人，我却生活在具体的世俗环境中。人世之外和人世之内彼此不相干涉，可是我却让你前去帮助料理丧事，我实在是浅薄得很呀！他们正跟天地结为伴侣，而逍遥于天地浑一的元气之中。他们把人的生命看做像赘瘤一样多余，他们把人的死亡看做是毒痈化脓后的溃破，他们这样的人，又怎么会把生死看得不同呢！凭借于各种不同的物类，但最终寄托于同一的整体；忘掉了体内的肝胆，也忘掉了体外的耳目；无尽地反复着终结和开始，但从不知道它们的头绪，茫茫然彷徨于人世之外，逍遥自在地生活在无所作为的环境中。他们又怎么会拘泥于世俗的礼仪，有意识地做给人看呢！"

《庄子·养生主》中说："泽雉十步一啄，百步一饮，不蕲畜乎樊中。神虽王，不善也。"意思是说，生活在沼泽地中的野鸡虽然很艰难，寻找很长时间才能够找到饮食，但它还是不愿意被关在笼子中。尽管在笼子中吃喝无忧，精力充沛，但却不是好的生活方式，因为这种生活使它失去了自由，也失去了本性。

由此可见，庄子说的养生，是提倡要养护自己的本性，因为只有能这样活着，才会活得富有生机，才能展现出生命的本义。反之，违背自己的本性去活着，活的时间再长也是毫无意义的。没有意义地活着，跟行尸走肉又有什么区别？

【专访总结】

生活中，累这个字常常从人身上表现出来，而我们却从未看见花鸟虫鱼有过累的状态，这是什么原因呢，就是因为它们远离了世间的纷纷扰扰，持住了自己的精气。而这与人类养生的道理是一样的。一个人如果能做到花鸟虫鱼这样的状态，那么，你的一生都将受益无穷。

第四章 养生养心，生命健康

专访三十：养生之道重在顺应自然

【引子】

庖丁为文惠君解牛，手之所触，肩之所倚，足之所履，膝之所踦，砉然向然，奏刀𬴃然，莫不中音，合于《桑林》之舞，乃中《经首》之会。

文惠君曰："善哉！技盖至此乎？"

庖丁释刀对曰："依乎天理，批大郤，导大窾，因其固然；技经肯綮之未尝，而况大軱乎！良庖岁更刀，割也；族庖月更刀，折也。今臣之刀十九年矣，所解数千牛矣，而刀刃若新发于硎。彼节者有间，而刀刃者无厚。以无厚入有间，恢恢乎其于游刃必有余地矣，是以十九年而刀刃若新发于硎。虽然，每至于族，吾见其难为，怵然为戒，视为止，行为迟，动刀甚微。謋然已解，如土委地。提刀而立，为之四顾，为之踌躇满志，善刀而藏之。"

文惠君曰："善哉！吾闻庖丁之言，得养生焉。"

——《庄子·养生主》

厨师庖丁给文惠君宰杀牛牲，分解牛体时手接触的地方、肩靠着的地方、脚踩踏的地方、膝抵住的地方，都发出砉砉的声响，快速进刀时刷刷的声音无不像美妙的音乐旋律，符合《桑林》舞曲的节奏，又合于《经首》乐曲的乐律。

文惠君说："妙呀！你的技术怎么达到如此高超的地步呢？"

庖丁放下刀回答说："依照牛体自然的生理结构，劈击肌肉骨骼间大的缝隙，把刀导向那些骨节间大的空处，顺着牛体的天然结构去解

101

剖；我从不曾碰撞过经络结聚的部位和骨肉紧密连接的地方，何况那些大骨头呢！优秀的厨师一年更换一把刀，因为他们是在用刀割肉；普通的厨师一个月就更换一把刀，因为他们是在用刀砍骨头。如今我使用的这把刀已经19年了，所宰杀的牛牲上千头了，而刀刃的锋利程度就像刚从磨刀石上磨过的一样。牛的骨节乃至各个组合部位之间是有空隙的，而刀刃几乎没有什么厚度，用薄薄的刀刃插入有空隙的骨节和组合部位间，对于刀刃的运转和回旋来说那是多么宽绰而有余地呀。所以我的刀使用了19年刀锋仍像刚从磨刀石上磨过的一样。虽然这样，每当遇上筋腱、骨节聚结交错的地方，我看到难于下刀，为此而格外谨慎不敢大意，目光专注，动作迟缓，动刀十分轻微。牛体霍霍地全部分解开来，就像是一堆泥土堆放在地上。于是我提着刀站在那儿，为此而环顾四周，为此而踌躇满志，这才擦拭好刀收藏起来。"

文惠君说："妙啊，我听了厨师这一番话，从中得到养生的道理了。"

【专访】

在这个故事中，虽然庖丁在讲解牛的道理，但文惠君却说懂得了怎样养生。之所以如此，是因为养生与解牛具有相似之处，这就是不要做危害己身的事。刀刃要保持长久的锋利，就不要去碰牛体的硬骨；人的身体要想长存，就不能触及那些有伤于己的硬东西。而这就需要我们顺应自然。

自古以来，人们就常常说这样一句话，要健康与长寿，颐养天年，然而，怎样才能达到这个目标呢？不可忽视的一点就是要懂得学习和切实遵循养生之道。

《庄子》一书记载，纪渻子替齐王训斗鸡。10天后，齐王催问。纪渻子回答："不行，它太骄横，不够参战的资格。"20天后，齐王又催问。纪渻子回答："不行，它虽然不骄横了，但见了鸡的影子还冲动。"

第四章 养生养心，生命健康

过了30天，齐王又催问。纪渻子回答："还不行，它虽然不冲动了，但眼睛还有锐气，气势也太强。"40天后，齐王看已经训好的鸡，其状态是听到别的鸡叫毫无反应，神似木鸡一般。纪渻子说："它的神已凝聚于心里，没有外露以致泄掉。现在已没有鸡敢应战，即使想应战，也必定被它内在的力量所镇服。"经当场实验，果然如此。

上面这个故事揭示了一个道理，力量在于心，才能和自然交融。当你真正成为自然的组成部分时，自然的力量才真正属于你。养生也是如此，当心悟出天地间大道理时，才能健康长寿。所以，养生也要遵循自然界的规律。养生之道要遵循养生原则，这就要求人们在养生活动中要顺其自然，法于自然，与自然之道、自然规律融为一体。

人类生活在自然界环境中，势必受自然的制约和影响。只有认识天地，掌握和适应自然规律，进而调神摄生，才能健康长寿。自然资源为人类的生存提供了条件，天供养人以新鲜空气，地给予人以营养物质，所谓"天食人以五气，地食人以五味"，正是通过对五气五味的物质代谢，构成了人类生命活动，而且生命的活动必须能够适应自然环境的变化。自然界气候的变化，必然对一切生物产生影响，而一切生物必须适应这些变化，人体的生命活动也不例外。中医正是据此而提出了"四气调神"的观点，要求人们的活动（包括精神活动）与四时季节的变化相适应，在春夏季节精神活动要活泼，以顺应时令之生长；在秋冬季节精神活动要收敛，以顺应时令的收藏，可概括为"春夏养阳，秋冬养阴"。如果违背了自然界变化的规律，不随自然界的变化而作出适应性的变化，就有可能会破坏体内阴阳的平衡，从而容易招致疾病的发生，甚至过早夭亡，即所谓"从阴阳则生，逆之则死"。

那么，人为什么要顺应自然养身呢？

因为人所处的环境是纷繁复杂的，而在这样的环境中想要处理好这些事情，首先就需要了解事物发展的规律，然后，顺应自然的发展而行,这样才能颐养天年。即便自己遇到了困难,也要小心处理,将事情处理好之后,还要将自己的锋芒收藏起来,这样可以保养生命。

人是环境中的一份子,人体也存在着自然的发展规律,既然如此,那么,人就需要顺其自然,这样才能达到养生的目的;否则,如果你逆自然规律而行,那么,你的身体规律就会被打乱,你的健康将受到威胁。所以,想要养生,就要练就庖丁一样的技术,避开矛盾,做到顺应自然,才能保身、全生、养亲、尽天年。这大概就是庄子的养生之道。

人与自然界的关系,息息相通,顺应自然之道,适应自然界的变化,则何病能生?又何患不寿?老子认为自然界在不断发展之中,人体必须与自然规律相适应,才能生长,不然,逆自然规律而动,则会生病折寿。

【专访总结】

人应该自然地活着,活得心理健康,活得滋滋润润,活得简单快乐。道家有语"心静养智",以恬静的心境孕育智慧,再以生成的智慧养心,水乳交融,最终达到极致。

专访三十一:清静无为可以养生

【引子】

彻志之勃,解心之谬,去德之累,达道之塞。贵富显严名利六者,勃志也。容动色理气意六者,谬心也。恶欲喜怒哀乐六者,累德也。去就取与知能六者,塞道也。此四六者,不荡胸中则正,正则静,静则明,明则虚,虚则无为而无不为也。

——《庄子·庚桑楚》

第四章 养生养心，生命健康

排除志欲的干扰，解脱意念的束缚，去掉情性的牵累，打通阻塞大道的障碍。贵、富、显赫、权势、名、利六者，是背离为道的志欲；容颜、举动、色欲、伦理、心气、意识六者，是束缚为道的意念；憎恶、欲望、喜、怒、哀、乐六者，是牵累为道的情性；离去、趋就、取、与、知识、能力六者，是堵塞为道之路的障碍。这四个六者，不来我身震荡我胸，心神就必平正，平正则宁静，宁静则明澈，明澈则能虚无，虚无就必然无为而又无所不为。

【专访】

庄子认为，贵、富、显、严、名、利六者，容易扰乱人的意志；容、动、色、理、气、意六者，容易束缚人的心灵；恶、欲、喜、怒、哀、乐六者，容易影响人的品德；去、就、取、与、知、能六者，容易阻塞人的大道。"此四六者，不荡胸中则正，正则静，静则明，明则虚，虚则无为而不为也。"只有去掉"四六"，才能达到"忘我"的境地。没有了食、色、名、利等索取的欲望，心神才能"清静"无浊，"静则无为，无为则俞俞（愉快的样子）。俞俞者忧患不能处，年寿长矣"。所以，人的生命活动符合自然规律。

清静无为。清静，在这里主要指的是心神宁静；无为指的是不轻举妄动。具体地说，就是《道德经》所谓的"少私寡欲"，因为"祸莫大于不知足，咎莫大于欲得"，故宜"致虚极，守笃静，万物并作，吾以观其复。夫物芸芸，各复其根，归根曰静"。人之神静，有如浊水，静之徐清。《庄子·天道》云："水静犹明，而况精神"、"静则无为……无为则俞俞，俞俞者忧患不能处，年寿长矣"。这种清静无为以长寿的思想，一直为历代养生家所重视，浸透到养生学中养精神、调情志、气功导引、健身功法等各方面。

在庄子看来，进入虚静状态之后，人抛弃了一切干扰和心理负担，就会忘掉一切，甚至忘了自己，不再受自己感觉器官的束缚和局限，而达到认识上的提高。

"知足不辱，知止不殆，可以长久。"圣人在几千年前就提醒人们，千万不要有贪心和贪欲，它会影响你的自由的生活。只有摒弃贪心贪欲的人才会生活得坦然，才能立身长久。

历史上有一位伟大的国王亚历山大，当时他征服了许多王国，在胜利返回的途中，突然病倒了。此刻，占领的土地、强大的军队、锋利的宝剑和所有的财富对他来说都毫无意义，他明白死神很快会降临，但他已无法回到家园。

于是，他对将士们说："在不久的将来，我会离开这个世界，但我有3个遗愿，你们要完全按我说的去执行。"将士们含着泪答应了。

亚历山大慢慢地说："第一个遗愿是，我的棺材必须由我的医师独自运回去。"他喘了口气，接着说道："第二个遗愿是，当我的棺材运向坟墓时，通往墓园的道路要撒满我宝库里的金子、银子和宝石。"亚历山大裹了裹毛毡，休息了片刻，继续说："最后一个遗愿是把我的双手放在棺材外面。"聚集在他身边的人都很好奇，但没人敢问为什么。

这时，有一位亚历山大最宠信的将军吻了吻他的手说："陛下，我们一定会按您的吩咐去做，但您能告诉我们为什么要这么做吗？"

最后，亚历山大深深地吸了一口气说道："我想让世人明白我刚学到的三个教训。我让医师运载我的棺材，是要人们意识到医生不可能真正地治疗人们的任何疾病。面对死亡，他们也无能为力。我希望人们能够懂得珍爱生命。第二个遗愿是告诉人们不要像我一样追求金钱。我花费了一生去追求财富，但很多时候却是在浪费时间。第三个遗愿是希望人们明白我是空着手来到这个世界，又是空着手离开这个世界的。"说完他闭上眼睛，停止了呼吸。

在我们的一生当中，我们都在不断地追求身外之物，追求着名，追求着利，有时我们想拥有的内容太多了，心思太复杂了，我们的负荷太

第四章 养生养心,生命健康

沉重了,因而烦恼不断,把自己的身体就这样折腾坏了。

人类的生活每时每刻都受到社会因素的影响,主要是体现在精神因素方面。情志活动是精神活动的重要内容,"七情"就是指人类情志活动所产生的七种感情变化,七情太过是中医学重要的病因之一,即使是体格强壮的人,急剧的精神创伤或长期的精神刺激超过了人体生理的调节范围时,均可导致疾病的发生。七情致病的范围是相当广泛的,不仅限于精神性、机能性的疾病,也会导致器质性的病理变化。当代医学的大量实验研究也证实了精神因素与某些器质性疾病(如高血压、冠心病、消化道溃疡等)的发生有密切关系。由此可见精神活动的调节,对疾病的防治有着极为重要的意义,畅性情以养生是重要的保健措施。

"恬虚无"养生是从物质第一性的朴素唯物主义立场出发,认为疾病是物质性的,由于外界因素和机体运动失去平衡而致病。精神由物质产生,是客观事物的存在和反映,才会引起七情之产生和变化。物无神灭,从而主张养性颐神,重视道德修养,俭朴生活,劳逸适度,在改造客观世界的同时寻求高尚境界的精神愉悦和心理平衡。"常人不可无欲,复不可无事",君子爱财,取之有道,关键在于制念定性,不贪横财,不做亏心事,勤奋努力地用自己的良心与智慧去自谋财富。知足常乐,摒弃杂念,宁静淡泊,畅遂情志,愉悦平和,做到自慎和节制。唐代大医孙思邈曾提出:"约私心,靖躬自思。"

因为人之有为皆因欲念而起,欲念一起则心动,心动则意动,意动则神动,神动则气动,气动则形动,形气神动则必然神驰于外,气散于中,精耗于内,健康为之受伤。要防止这种局面的发生唯有一法,就是虚其心,静其神。心虚则欲望不起,神静则念头不生,心清神静,根本坚固,形神相亲,则能长生久视。在这一点上,庄子说得更明确:"静则无为,无为也则任事者责矣。无为则俞俞,俞俞者忧患不能处,年寿长矣。夫虚静恬淡寂寞无为者,万物之本也。"

在很久以前，有一位老和尚，每天天还没亮就开始扫地，从寺院内扫到寺外，从大街扫到城外，一直扫出离城十几里，天天如此，月月如此，年年如此。

这个小城里的人，在很小就看见这个老和尚在扫地。那些做了爷爷的，从小也看见这个老和尚在扫地。老和尚虽然已经很老了，就像一株古老的松树，不见它再抽枝发芽，可也不再见衰老。

一天，这位老和尚坐在蒲团上安然圆寂了，这个小城里的人谁也不知道他究竟活了多少岁。过了若干年，一位长者走过城外的一座小桥，见桥石上镌着字，字迹大都磨损，老者仔细辨认，才知道石上镌着的正是那位老和尚的传记。

人们根据这位老和尚所遗留下来的记载进行推算，却发现他活到了137岁。

从这个故事中，我们可以领悟出清静无为对一个人的身心健康的重要性。

静静地生活，静静地享受，用不着去承受大喜大忧，也用不着承受大富大贫，要知道，生活清贫而不受精神之苦，行为相对自由洒脱而不受倾轧逢迎之累是滋养身心健康的良法。

道家认为，体道的过程是心灵净化的过程。首先是"心斋"："惟道集虚。虚者，心斋也。"

养生当以虚无、清静为本。保持虚无的状态，有利于人体气血的充盈（山谷虚空，所以有水流的汇聚）。清静可以胜炎热，可以减少人体的消耗。过度的劳作、躁动，则会消耗人的气血。身体差的人特别要注意！道的本质是虚无的，所以保持虚无的状态应当如同"道"一样。天的本质是清静的，所以保持清静的状态，应当如同天一样。而静心，则应当如同混浊之水逐渐澄清。

古人认为要达到健康长寿、颐养天年必须要"志闲而少欲，心安而

第四章 养生养心,生命健康

不惧……美其食,任其服,乐其俗,高下不相慕",这句话告诫人们要安于平淡的生活,不要追求过分的物质享受,不要与别人攀比,更不要有非分之想,要随遇而安,心安理得,才能知足常乐,情志舒畅,并达到较高的修养。

【专访总结】

纵观现代社会,人们的物质生活水平越来越高,而身心疾病的发生也越来越多,工作和生活中诸多的压力长期无法消除,紧张焦虑的情绪无处宣泄,亚健康和抑郁症成为都市人的多发病。其实,我们如果能够按照庄子教诲的那样"恬淡虚无",稍微降低对物欲的追求,就能够给自己减压,从而达到精神内守,身心愉悦。人生苦短,怎样度过自己的一生?是迷失在物欲横流中,身心疲惫,还是恬淡虚无,精神内守?在了解了庄子养生的精辟理论后,大家一定会有新的认识,并将以此来指导自己的工作、生活乃至人生。

专访三十二:大喜不喜,大怒不怒,可以养心

【引子】

小恐惴惴,大恐缦缦。其发若机栝,其司是非之谓也。其留如诅盟,其守胜之谓也。其杀若秋冬,以言其日消也;其溺之所为之,不可使复之也;其厌也如缄,以言其老洫也;近死之心,莫使复阳也。

——《庄子·齐物论》

小的惧怕惴惴不安,大的惊恐失魂落魄。他们有时说话就像放出的利箭,窥伺到别人的是非来攻击;有时又片语不吐就好像有过盟约一样,那不过是在等待制胜的机会。他们衰败如秋冬的草木,这是说他们

在日益销毁；他们沉湎于辩论的作为中，致使他们不可能再恢复到自然本性；他们心灵闭塞好像被绳索缚住，这说明他们已衰老颓败，没法再使他们恢复生气。

【专访】

国学大师南怀瑾先生认为："这一段文字是庄子形容人如何消耗自己的神与气，最后到那个一点阳气都没有的可怜境界。"那么这个可怜境界是如何导致的呢？南先生解读说："人一天到晚总是活在恐惧中，恐惧钱掉了，恐惧生病了，恐惧没事做，恐惧没饭吃。在某一个小问题上一动，肯定会引出大烦恼，然后成天在心里倒腾，做一些毫无意义的事情企望成功。一个人每天在惶恐、忧虑中度过，最终会将自己的精神耗尽，而变得毫无生气了。"

世上本无事，庸人自扰之。

如果整日里为一些不着边际的小事担心，结果只能被无谓的惶恐和忧虑耗尽精神。中医学认为，人有喜、怒、忧、思、悲、恐、惊的情志变化，亦称"七情"。其中怒、喜、思、忧、恐为五志，五志与五脏有着密切的关系。

恐，是指恐惧不安、心中害怕。我们常将"惊"、"恐"并提，但是二者又不完全相同，惊多自外来，恐常由内生，恐常由惊转变而来。"恐则气下"，"恐伤肾"，恐惧过度则消耗肾气，使精气下陷不能上升，升降失调而出现大小便失禁、遗精、滑泄等症，严重的会发生精神错乱、癫病。

悲，是指悲伤。遇到难过的事情，因悲伤而哭泣是人们正常的情感反应。中医认为悲则气散，适当地哭泣可以使郁结之气抒发消散，对身体是有益的。现代医学也证实当人悲伤时流泪可以排出体内的毒素，缓解不良情绪，因此"男儿有泪也要弹"。任何事物都有极限，悲伤太甚或时间过长，则可消耗肺、肾之气，出现气短、心悸、胸闷，在精神上表现为意志消沉、悲观厌世。现代科学证明过度悲伤的人,比其他人更容易得癌症。

因此,我们可以认识到过度的情绪反应对身体伤害之大,懂得养生的人要会使七情调和,不要超越情感的极限。"静则神藏,躁则神亡",只有身心清静,才能精神内守。如果心情浮躁,就会使精气外泄,甚至神气消亡。

养生注重养德。

讲究养生之道,必须注重道德修养。养生贵在养性,而养性首先即要养德。古代学者早就提出"仁者寿"的理论。良好的道德情操,是心理健康的重要标志。《孙真人卫生歌》说得好:"世人欲识卫生道,喜乐有常嗔怒少,心诚意正思虑除,顺理修身去烦恼。"

这是修身养性的至理。与此相反,缺乏道德修养的人,特别是那些被名利枷锁捆住手脚的人,常常患得患失、斤斤计较,他们往往会未老先衰,自然难登"仁寿之域"。

唐代著名禅师石头希迁又被称为"石头和尚",91岁时无疾而终,谥号无际大师。希迁曾为世人开列十味奇药:"好肚肠一条,慈悲心一片,温柔米半两,道理三分,信行要紧,中直一块,孝顺十分,老实一个,阴骘全用,方便不拘多少。"服用方法为:"此药用宽心锅内炒,不要焦,不要躁,去火性三分,于平等盆内研碎,三思为末,六波罗密为丸,如菩提子大,每日进三服,不拘时候,用和气汤送下。果能依此服之,无病不瘥。切忌言清行浊,利己损人,暗中箭,肚中毒,笑里刀,两头蛇,平地起风波——以上七件,速须戒之。"

希迁的养生奇方其精要在于养德。养德"不劳主顾,不费药金,不劳煎煮",却可祛病健身,延年益寿。德高者对人、对事胸襟开阔,无私坦荡,光明磊落,故而无忧无愁,无患无求。身心处于淡泊宁静的良好状态之中,必然有利于健康长寿。

古人认为要达到健康长寿、颐养天年必须要"志闲而少欲，心安而不惧……美其食，任其服，乐其俗，高下不相慕"，这句话告诫人们要安于平淡的生活，不要追求过分的物质享受，不要与别人攀比，更不要有非分之想，要随遇而安，心安理得，才能知足常乐，情志舒畅，并达到较高的道修养。

【专访总结】

纵观现代社会，人们的物质生活水平越来越高，而身心疾病的发生也越来越多，工作和生活中诸多的压力长期无法消除，紧张焦虑的情绪无处宣泄，亚健康和抑郁症成为都市人的多发病。其实，我们如果能够按照《黄帝内经》教诲的那样"恬淡虚无"，稍微降低对物欲的追求，就能够给自己减压，从而达到精神内守，身心愉悦。人生苦短，怎样度过自己的一生？是迷失在物欲横流中，身心疲惫，还是恬淡虚无，精神内守？在了解了中医情志养生的精辟理论后，大家一定会有新的认识，并将以此来指导自己的工作、生活乃至人生。

专访三十三：好音乐大有妙处

【引子】

吾又奏之以阴阳之和，烛之以日月之明；其声能短能长，能柔能刚；变化齐一，不主故常；在谷满谷，在阬满阬；涂郄（xì）守神，以物为量。其声挥绰，其名高明。是故鬼神守其幽，日月星辰行其纪。吾止之于有穷，流之于无止。子欲虑之而不能知也，望之而不能见也，逐之而不能及也；傥然立于四虚之道，倚于槁梧而吟。目知穷乎所欲见，力屈乎所欲逐，吾既不及已夫！形充空虚，乃至委蛇。汝委蛇，故怠。

——《庄子·天运》

第四章　养生养心，生命健康

我接着让他们演奏的是阴阳的调和与激荡，以日月的伟大光明照亮了音响；它们的声响、旋律、节奏或短或长，能柔能刚；变化中有自己的一贯的方向，供人把握，稳稳当当，同时又与时俱化，不沾不滞，推陈出新，久远恒常；乐声来到山谷，就会使得山谷充满精神，乐声传到大阮，就会使得大阮充满气象；你听了会屏神静气，为乐声的充实而感动折服。这样的乐声宏伟大气，这样的音质崇高响亮。它既是表现了鬼神幽居之飘渺，又是表现着日月星辰各行其道的辉煌。即使因有形世间的穷尽而暂时停止我们的演奏，音乐的情感神韵仍然在运行无疆。你意欲思忖这样的乐曲，却难以把握它的详尽内容；你想看见这样的乐声所指吧，却看不见什么模样；你想追逐与得到这样的乐境，却无法达到，总是够不到地方。你只能站立在四面空荡荡的路口，倚靠着一株枯槁的梧桐树而吟咏歌唱。眼光与智力因想见未见而穷尽，体力与劲气因想够却够不着而无望。（你会想，）我是真的赶不上我的音乐的啊。这样，形体因空虚无物而委蛇弯曲，你已经委蛇弯曲随顺一切了，当然心态也就放松缓冲下来了，也就是随形就状。

【专访】

据心理学家称，音乐对人的精神状态和心境的影响是十分显著的。声音可激发起人们的不同情感，负面心理通过优美声乐可以转化为正面生理效应。许多人可能都有这样的感受，在工作、学习之后听一首优美的乐曲，往往会感到神清气爽、疲劳顿消。因此，有人称音乐是神经系统的"维生素"，是花钱最少的"保健品"。

音乐是最经典的精神食粮。耳畔回荡着催人泪下的旋律，脑海里浮现出美丽的画面，让心沉浸在幻想之中，这是对灵魂的按摩。

"音乐是一种享受，也是一种人生态度。"这句话说得一点都不假。因为在音乐中人们能感受到最纯的声音，使人在其中忘却一切。

在日本滋贺县彦根市商业街"四号街广场"聚集了50家店铺，一踏进该地区，你便能听到热带雨林里的树叶沙沙，鸟鸣婉转。原来该地区店铺门口、顾客休憩的长椅下，都安装了扬声器，并且整天播放着录有热带雨林所特有的天籁之声。听着扬声器传来的天籁，使人仿佛置身热带雨林，使人身心放松。

马克思说："一种美好的心情，比十服良药更能解除心理上的疲惫和痛楚。"

对于一个心理健康、成熟的人来讲，他们是不会拒绝音乐给他们带来的好处的，不管是在"只可意会，不可言传"的状态中感知，还是与音乐的感情内涵相互交融，产生共鸣，他们都会在不断地品味中使精神得到升华。

懂生活的人爱音乐，音乐能让人舒展心灵，更能提高精气神。

音乐是人生命中最亲密的朋友，不仅可以给人们带来无限的快乐，还可以提高人们的品位！

一般来说，凡是喜欢音乐的人都喜欢唱歌，唱歌对于人的身心健康大有裨益。医学家研究发现，唱歌时进行深呼吸可增大肺活量，锻炼肋间肌肉，进而增强心肺功能，促进身体健康；人们在唱歌时往往处于兴奋、激动的状态，引吭高歌几曲能驱除忧虑与烦恼，减轻精神压力，有利于心理健康。此外，优美动听、富有哲理与人情味的歌词，能给人以启迪和美的享受，使人心情舒畅。

不同类型的歌，对健康会产生不同的帮助，如唱带有性感含意歌词的歌时，性腺会因受刺激而产生激素，对防止皮肤老化及更年期障碍相当有帮助。喜怒哀乐表情变化可带起脸部肌肉运动，以维持皮肤的弹性。

人歌唱时的紧张感与唱完后的放松感不断反复，有助于对自律神经的平衡，同时也可防止高血压、调整肝机能和胃肠机能。唱歌时练习用腹式呼吸可锻炼腹肌收缩，改善腰痛。偏低音的歌曲可使血压稳定，拉长音的歌曲可以消除压力，轻快的歌曲可以减肥。在唱歌时要注意以下几个方面。

(1) 充分吸气

用口、鼻垂直向上吸气,将气吸到肺的底部,注意不可抬肩。吸入气息时腹部向前及左右两侧膨胀,小腹则要用力收缩,不扩张。背部要挺立,脊柱几乎不动,屏住呼吸然后再缓缓将气吐出。唱歌用气时,仍要保持吸气状态,不能一下子放松了,要保持住气息,控制住气息徐徐吐出,均匀地吐气。

(2) 最好是站着唱歌

唱歌的时候,能站不要坐,双腿要分开与肩同宽,身体保持平衡,想象自己是歌曲的主人翁,投入忘情地唱,能够做到这点将会大大提高瘦身的效果。另外,唱歌的时候,如果加上跳舞,热量消耗将更加可观。

(3) 控制室内音量

音量的分贝数达100以上时,会对耳朵造成伤害。长时间处在声音大及嘈杂的环境中,便会有耳鸣、突发性耳聋的情况出现,要注意控制室内音量。

(4) 注意通风,不要吸烟

注意室内空气流通,保证充足的新鲜空气。吸烟造成的污染很大,而在包房内吸烟则对身体、嗓子的健康危害更加严重。

(5) 及时补水

要注意及时喝水保持喉咙湿润,尽量不喝冷饮解渴,应该喝温开水,如果有菊花、金银花或胖大海泡水当茶喝更好。如果嗓子发生不适,刺痒、干燥或有烧灼感,可采用热熏气疗法。方法是将口腔对着有热气的茶杯或茶壶呼吸,很快就可使不适感消失。

【专访总结】

心理学家和音乐疗法专家常常运用音乐对人们的心理疾病进行治

疗，使忧伤、郁闷的人变得快乐；使焦躁不安的人变得镇静；使对人生厌倦、没有动力的人变得活跃起来，取得了很好的成效。目前，这种方法已通过实践证明要比其他改变情绪的方法更有助于病人的康复。

专访三十四：动静结合养生

【引子】

知天乐者，其生也天行，其死也物化。静而与阴同德，动而与阳同波。故知天乐者，无天怨，无人非，无物累，无鬼责。故曰："其动也天，其静也地。一心定而正天下；其鬼不祟，其魂不疲，一心定而万物服。"言以虚静推于天地，通于万物，此之谓天乐。天乐者，圣人之心，以畜天下也。

——《庄子·天运》

通晓天乐的人，他活在世上顺应自然地运动，他离开人世混同万物而变化。平静时跟阴气同宁寂，运动时跟阳气同波动。因此体察到天乐的人，不会受到天的抱怨，不会受到人的非难，不会受到外物的牵累，不会受到鬼神的责备。所以说："运动时合乎自然的运行，静止时犹如大地一样宁寂，内心安定专一统驭天下；鬼魔不会作祟，神魂不会疲惫，内心专一安定万物无不折服归附。"这些话就是说把虚空宁静推及到天地，通达于万物，这就叫做天乐。所谓天乐，就是圣人的爱心，用以养育天下人。

【专访】

古书云："静属阴，动属阳。世上万物，孤阴不生，独阳不长，偏阴偏阳为之疾，一阴一阳谓之道。"即是说，动静即是阴阳，阴阳即是

第四章 养生养心,生命健康

动静。静以生阴,动以生阳,阴阳合德,动静均衡,万物才能生长发育。只静不动,或只动不静,都是一种病态;动静合一,才是事物发展的自然规律。

"生命在于运动"虽早已为世人所熟知,但近年来国内外不少保健体育专家却特别强调,一定要在运动前面加上"适度"二字。

专家们指出,运动对健康的良好作用,只有在适宜负荷下方能获得。运动负荷过小,刺激不能引起肌体效能反应,达不到强身壮体的作用;运动负荷过大,肌体负荷超载,又会伤害身体。因此,适度运动是体育锻炼的首要原则。

人们总以为,运动的强度越大,时间越长,对身体就越有好处,或者想什么时候锻炼就什么时候锻炼,其实这些观点是不科学的。我们想告诉大家的是,为保证既锻炼身体又不损害健康,锻炼身体要掌握一个"度",也叫做"适量"运动,因为运动量及运动强度太小,达不到锻炼的目的。反之运动量和强度过大,就会损害身体,甚至造成意外,事与愿违。所以,庄子主张动静结合养生。

庄子道:"形劳而不休则弊,精用而不已则竭。"所以要把形体锻炼与精神调养有机地结合起来。这样可以使"静而与阴同德,动而与阳同波"。与阴同德,就像大地一样,厚德载物;与阳同波,就像九天之上,自强不息。

但动静是相对的,动主要表现在肢体活动及肌肉骨骼的锻炼,静主要是锻炼身体内部,没有肢体活动、肌肉骨骼的锻炼,是指气血在大脑高度入静状态下按它本身规律运行;说动静是统一的,是指动有利于初步疏通经络,气血疏通;气血疏通后有利于入静。

运动可以促进体内血液循环,改善多种组织器官的功能,增强抗病能力,加速代谢物的排泄,使一些抗动脉硬化的物质、抗衰老的物质数量明显增加。但运动还会使体内氧消耗量急剧增加,产生大量活性氧,这是促进人体衰老的主要物质。通过休息可使机体得到调整修复，清除活性氧，抗衰老，使寿命延长。

生命在于运动，也在于休息，注意劳逸结合。

丘吉尔作为英国一名很有名气的首相，在任期间，他身上所担负的工作重任极其的重大，工作繁忙可想而知，然而他对于休息却十分的重视。在第二次世界大战的时候，已经70岁高龄的他仍然日理万机，干起工作来却总是那么精力充沛，情绪高涨。这主要得益于他能注意休息，在工作之余能放松自己，充分抓住点滴的时间进行休息。在一般情况下，他每天中午都要睡1个小时，晚上吃饭之前也要睡2个小时，即便是在乘车的时候他也会抓紧时间闭目养神打个盹儿。

有人曾问过他身体健康、精力充沛的秘诀，丘吉尔说："我的秘诀是当我卸下制服时，也就把责任一起卸下了。在家里，我就像一只破袜子那样放松。"

现实生活中，有好多人认为休息与不休息无所谓，即使少休息一会儿也根本没什么。殊不知，人的精力、体力总是有限的，无休止地工作，不但不能提高工作效率，反而会严重损害健康，那是得不偿失的事。没有健康的体魄，哪还能谈什么工作效率呢？正确的态度是劳逸结合、动静结合，工作时聚精会神，休息就尽量放松，哪怕工作再忙，也要保证必要的休息。这样不但能提高工作效率，而且精神愉快，有益健康。

陶行知说："适当的休息，是健身的主要秘诀之一，千万不可忽略。对于那些忽略健康的人，其实也就等于在与自己的生命开玩笑。"毛泽东说："睡眠和休息丧失了时间，却取得了明天工作的精力。如果有什么蠢人不知道此理，拒绝睡觉，他明天就没有精神了，这是蚀本生意。"我们千万不要做这样的蚀本生意。

如今生活节奏不断加快，竞争压力日益加剧，迫使现代人必须学会休息。科学研究证实，休息是迅速恢复自身精力与体力、提高工作效率的最行之有效的方法。

　　劳与逸之间，存在着辩证统一的关系：休息是为了更好地劳动；而要想更好地劳动，就必须要很好而必要地休息。

　　当然，我们通常情况下所提倡的主动休息，并不是抛开各种各样的生活乐趣而进行"冬眠"。对于主动休息要因人而异，没有一个固定的标准，关键是要能够根据自己的实际情况，做到"劳"与"养"两者适度平衡。休息的方式多种多样，比如看电视、听音乐、散步、交谈、看报、下棋、睡觉等。缺少睡眠者一定要补充足够的睡眠；对于体力劳动者可读书、看报、听音乐；脑力劳动者可散步、做操等。任何一种休息方式，都离不开"放松"两个字。只有让身心彻底地松弛下来，才能取得良好的休息效果，在工作的时候，精力才会更加的旺盛。

【专访总结】

　　一阴一阳谓之道。阴阳各半保持了天地间的勃勃生机，动静各半才能使人体内脏平衡。动静结合是一种境界，一种克服了自己急躁与盲动之后的精神上的升华，学会休息，也就得到了健康！

专访三十五：节制食色

【引子】

　　夫畏涂者，十杀一人，则父子兄弟相戒也，必盛卒徒而后敢出焉，不亦知乎！人之所取畏者，衽席之上，饮食之间，而不知为之戒者，过也！

——《庄子·达生》

使人可畏的道路，十个行人有一个被杀，于是，父子兄弟相互提醒和戒备，必定使随行的人多起来才敢外出，这不是很聪明吗！最可怕的，还是枕席上恣意在饮食间的失度，却不知道为此提醒和戒备，这实在是过错啊！

【专访】

孟子讲，人莫大于食色二欲。食维持生命，色繁衍生命。传统养生认为，肾是先天之根，脾胃为后天之本。色欲不当伤根，饮食不当损本。所以，庄子主张节制食色。庄子曾形象地比喻，生活在草泽中的野鸡，走十步才啄到一口食，走百步才饮到一口水，逍遥自得，乐观无比，因之得以保生；而养在笼中的鸟儿，神态虽然旺盛，饮食虽然充实，但意志消沉，不得自乐，因之难以全生。庄子主张安居处，节色欲，定食饮。

我们每一个人，能够在日常生活中，注意饮食起居，保持精神愉快，时时刻刻重视人身之气，使之既不失调，又不亏损，以此养生防病，则是抓住了健康长寿之本。

饮食不节，包括饮食过多、饮食过少、饮食不清洁等。饮食过多以儿童为多见，逢年过节，有的小儿有偏食的毛病，碰到自己喜爱吃的东西，贪食过量，入胃以后难以消化，停于肠胃之中，出现胃脘部及脐腹胀满症状。中医认为这是食积内停，使气机阻滞所造成的。而饮食长期过少，导致水谷之气没有产生的来源，久而久之，又会出现气短疲倦、乏力等气虚之象。至于吃了不清洁的食物可以使人上吐下泻，或见下痢脓血等，久之也可伤人体之正气，引起气虚。此外，过于劳累，四肢过力运动，也可以损伤人体之气，见有全身乏力的表现；这就是中医所说的"劳则气耗"。导致疾病发生的另一个重要原因，就是房事太过。中医认为，生殖系统的功能作用是肾脏所主，小儿肾气未充，老年人肾气虚弱，均可见生殖功能不足的表现，而青壮年由于肾气充盛，故具有生殖机能。而房事太过不注意节制，久之则损伤正气，进而使元气受伤，人体虚弱，百病丛生。所以说，饮食、劳倦等原因会导致疾病的发生。

性生活有一定的规则，婚姻带来的欢乐也来自愉悦的性生活，因此，有规律的性生活是健康长寿的保证，不能因性生活无节制而损伤肾气。肾为先天之本，肾精充足，五脏六腑皆旺，抗病能力强，身体健壮，就能长寿。肾精匮乏，则五脏虚衰，多病短寿。

【专访总结】

《庄子·齐物论》中说："终身役役而不见其成功，然疲役而不知其所归，可不哀邪！"这其中的玄机，就靠自己去参悟了。过分的贪取、无理的要求，只是徒然带给自己烦恼而已，在日日夜夜的焦虑企盼中，还没有尝到快乐之前，已饱受痛苦煎熬了。

专访三十六：天人合一

【引子】

泰初有无，无有无名；一之所起，有一而未形。物得以生，谓之德；未形者有分，且然无间，谓之命；留动而生物，物成生理，谓之形；形体保神，各有仪则，谓之性。性修反德，德至同于初。同乃虚，虚乃大。合喙鸣；喙鸣合，与天地为合。其合缗缗，若愚若昏，是谓玄德，同乎大顺。

——《庄子·天地》

元气萌动宇宙源起的太初一切只存在于"无"，而没有存在也就没有称谓；混一的状态就是宇宙的初始，不过混一之时，还远未形成个别的形体。万物从混一的状态中产生，这就叫做自得；未形成形体时禀受的阴阳之气已经有了区别，不过阴阳的交合却是如此吻合而无缝隙，这就叫做天命；阴气滞留阳气运动而后生成万物，万物生成生命的机理，这就叫做形体；形体守护精神，各有轨迹与法则，这就叫做本性。善于修身养性就会返归自得，自得的程度达到完美的境界就同于太初之时。同于太初之时心胸就会无比虚豁，心胸无比虚豁就能包容广大。混同合一之时说起话来就跟鸟鸣一样无心于是非和爱憎，说话跟鸟一样无别，则与天地融合而共存。混同合一是那么不露踪迹，好像蒙昧又好像是昏暗，这就叫深奥玄妙的大道，也就如同返回本真而一切归于自然。

【专访】

《齐物论》里有句话："天地与我并生，万物与我为一。"意思是天地与我同时存在，万物与我化成一体，合而为一。我们中国人很喜欢讲"天人合一"，其实这个观点是庄子最先提出来的。他说的是"人与天一也"。由庄子的观点，后来，人们渐渐提出了"天人合一"的观点。其实，天人合一也是一种很重要的养生观点。

《于丹〈论语〉心得》中说儒家的思想精髓就在于把天之大、地之厚的精华融入人的内心，使天、地、人成为一个完美的整体，人的力量因而无比强大。

儒家曾经提出过天人相分、天人同类、天人共性、天人感应、天人合德、天人合一等各种学说，差异虽大，而指归则一，即如何达至天与人的和谐。其中，又以"天人合一"说最受推崇，影响最大，也最具有参考价值，堪称人类最为重要的生态智慧之一。儒家所推崇的"天人合一"思想，既是一种宇宙观或世界观，又是一种生态伦理，代表着一种人生追求、一种精神境界，极力强调和追求的是天人的和谐相处。

所以，我们永远也不要忘记天地给予我们的力量。由此可见，天人合一的观点无论是对于儒家还是对于道家来说，都是十分重要的。

第四章 养生养心，生命健康

庄子倡导"天人合一"，说的就是人在自然中的和谐。

适者生存，适者有寿，适者精神。人们只有适应生存环境，才会有良好的心境去对待现实生活。一个人若能达到忘名、忘利、忘我的境界，就会做到心清神静，气定神闲，乐观豁达，积极向上。有了这样一个健康的心态，就会活得快乐，就会激发活力。

一个人只有有了平常心，才可以静下心来修身养性，才能滋养身心。从古至今，有多少人为了争名夺利而互相倾轧，或许能逞快意于一时，可是转瞬之间，皆成粪土。是非成败转头空，不变的只有广袤的宇宙。我们每个人都应该时时对自己说一声："人之于宇宙，不过是一个过客而已。"这样一来，或许能让我们心灵的湖水清澈而平静。

身处如此逆境，苏东坡却旷达如旧，在赤壁的月夜写出了脍炙人口的《前赤壁赋》："寄蜉蝣于天地，渺沧海之一粟，哀吾生之须臾，羡长江之无穷。"把自己摆到宇宙之中，不过是一粒尘埃，又有什么要斤斤计较呢？有社会学家说人生的终极目的是毫无意义的，人的生物性就是饿了要吃，困了要睡，并且繁衍生息，到生命结束，留下的唯有一堆白骨而已。宋人诗里曾经写道："人生有酒须当醉，一滴何曾到九泉。"虽则稍显消极，但是有一定道理。

因此，对待生活，我们都应保持一颗平常心。人的一生或出将入相，或躬耕垄亩，其实有很大的偶然性。左思曾经在诗里说过："郁郁涧底松，离离原上苗，以此径寸茎，荫此百尺条。"也就是说成败并非单单取决于人的主观努力，有时决定因素是客观的、非人力可以改变的那些内在规律。古往今来的帝王，除了秦皇汉武和唐宗宋祖等又有几个具有雄才大略之人？他们大多智力平平，甚至还有白痴，盖帝位乃传位所得之故。

大家所熟知的孔夫子，其一生先是开坛讲学，传道解惑，继而周游列国、游说诸侯，到晚年编《诗》制《易》，夫子自嘲："知其不可为

123

而为之。"并且放言："道之不行也，吾将浮桴于东海。"有人说他是倒行逆施，是搞复辟，其实孔夫子是最讲顺应时势的。他曾经称赞颜渊："一箪食，一瓢饮，在陋巷，曲肱骨而卧，回也不改其乐。贤哉，回也！"孔夫子称赞的安贫乐道，并不是不思进取，而是有一颗知足心。孔夫子对富贵的态度就充分说明了这一点："不义富与贵，于我如浮云。""富而可求也，虽执鞭之士吾亦为之。如不可求，从吾志。"就是说，富与贵当然人人喜欢，但是要顺应自然，并不是盲目甚至不择手段地去追求。孔夫子在不经意之间，开创了影响古今中外的儒家学派。

人的一生之中，总会有这样那样的不如意，总是有这样那样的缺憾。但是即使事事如意又能怎样？也许是极度的无聊。况且一个人永远不会事事如意，贪婪支配着人永远追求他们没有的东西，而对于已经到手的也就不屑一顾了。因为这个原因，很多人好像在追求，其实换一个角度看看，你会惊奇地发现，你的追求目标不过是海市蜃楼而已。

【专访总结】

如果我们大家能够参悟透天人合一的深刻内涵，那么，大家就能够发现天地其实是何等的广阔和美好，就连路边的野草也在向你微笑。李白屡遭挫折，依然不改积极乐观的人生态度，流传下来了大量的诗篇。他在欣赏和歌颂名山大川的同时，享受了美给他带来的巨大享受，我想他是快乐的。陶渊明不为五斗米折腰，"采菊东篱下，悠然见南山"，"晨兴理荒秽，带月荷锄归"，"悦亲戚之情话，审容膝之亦安，"何等的快乐和闲适。不是比战战兢兢地做什么县令强上一百倍吗？还有王维笔下的野老，"斜光照墟落，穷巷牛羊归。野老念牧童，倚仗候荆扉"。多么舒缓和平静的图画，其中蕴藏了多少美的真谛。难怪引得诗人唱起了："式微式微，胡不归？"这一美丽图景出现在面前，谁会不动心呢？

一个人只有有了淡泊之心，才能够不计较个人得失，才可以静心补气养神。

第四章 养生养心,生命健康

专访三十七:外化也是一种养生

【引子】

南郭子綦隐机而坐,仰天而嘘,荅焉似丧其耦。颜成子游立侍乎前,曰:"何居乎?形固可使如槁木,而心固可使如死灰乎?今之隐机者,非昔之隐机者也。"子綦曰:"偃,不亦善乎而问之也!今者吾丧我,汝知之乎?女闻人籁而未闻地籁,女闻地籁而不闻天籁夫!"

子游曰:"敢问其方。"子綦曰:"夫大块噫气,其名为风。是惟无作,作则万窍怒呺。而独不闻之翏翏乎?山林之畏佳,大木百围之窍穴,似鼻,似口,似耳,似枅,似圈,似臼,似洼者,似污者。激者、謞者、叱者、吸者、叫者、譹者、宎者,咬者,前者唱于而随者唱喁,泠风则小和,飘风则大和,厉风济则众窍为虚。而独不见之调调、之刁刁乎?"

子游曰:"地籁则众窍是已,人籁则比竹是已,敢问天籁。"子綦曰:"夫吹万不同,而使其自己也。咸其自取,怒者其谁邪?"

——《庄子·齐物论》

南郭子綦靠着几案而坐,仰首向天缓缓地吐着气,那离神去智的样子真好像精神脱出了躯体。他的学生颜成子游陪站在跟前说道:"这是怎么啦?形体诚然可以使它像干枯的树木,精神和思想难道也可以使它像死灰那样吗?你今天凭几而坐,跟往昔凭几而坐的情景大不一样呢。"子綦回答说:"偃,你这个问题不是问得很好吗?今天我忘掉了自己,你知道吗?你听见过'人籁'却没有听见过'地籁',你即使听见过'地籁'却没有听见过'天籁'啊!"

子游问："我冒昧地请教它们的真实含意。"子綦说："大地吐出的气，名字叫风。风不发作则已，一旦发作整个大地上数不清的窍孔都怒吼起来。你独独没有听过那呼呼的风声吗？山陵上陡峭峥嵘的各种去处，百围大树上无数的窍孔，有的像鼻子，有的像嘴巴，有的像耳朵，有的像圆柱上插入横木的方孔，有的像圈围的栅栏，有的像舂米的臼窝，有的像深池，有的像浅池。它们发出的声音，像湍急的流水声，像迅疾的箭镞声，像大声的呵叱声，像细细的呼吸声，像放声叫喊，像号啕大哭，像在山谷里深沉回荡，像鸟儿鸣叫叽喳，真好像前面在呜呜唱导，后面在呼呼随和。清风徐徐就有小小的和声，长风呼呼便有大的反响，迅猛的暴风突然停歇，万般窍穴也就寂然无声。你难道不曾看见风儿过处万物随风摇曳晃动的样子吗？"

子游说："地籁是从万种窍穴里发出的风声，人籁是从比并的各种不同的竹管里发出的声音。我再冒昧地向你请教什么是天籁。"子綦说："天籁虽然有万般不同，但使它们发生和停息的都是出于自身，发动者还有谁呢？"

【专访】

庄子所主张的是人要与自然和谐，强调要懂得内在修炼，而外在的行为要追求和谐，要懂得与他人和谐相处。

"外化"其实与我们前面所说的"坐忘"有着很高的相同点。庄子说，你忘记了脚的存在，代表鞋子很舒适；你忘记了腰的存在，代表腰带很舒适；你忘记了是非的区分，代表心很舒适。"忘"代表你把这些都放在一边，没有任何干扰了。如果你常觉得有脚存在，代表你的鞋子一定是不合脚的；我是很难忘记腰的存在，因为太胖了。

忘了自己，一切归于自然，这是庄子的至高追求。

乐于忘怀是一种心理平衡。有一句话说得好，生气是拿别人的错误惩罚自己。老是念念不忘别人的坏处，实际上身受其害的是自己。

第四章　养生养心，生命健康

做人，不但要忘记不愉快的往事，而且也要放下沾沾自喜、自鸣得意的情绪。那些情绪，往往会陷你于虚妄之中。从心理学角度看，无论你惦记的是快乐的事，还是悲愁憎恨的事，如果长期生活在这种过去的记忆里，那么，你就会与现实生活脱节，严重威胁心理健康和心智的发展，久而久之，便会影响我们正确地思考与行动。怎样才能忘怀呢？只有一个方法——放下。

古人云："人之有德于我也，不可忘也；吾有德于人也，不可不忘也。"这句话的意思是，别人对我们的帮助，千万不可忘了；反之，别人倘若有愧对我们的地方，应该乐于忘记。

学习忘记之道，把许多愤恨的往事丢掉，日子久了，激动情绪也就越来越少，心灵和精神的活力得以再生，恢复了原有的喜悦和自在。

人人都曾有过被痛苦的回忆所缠绕而不能自拔的体验，何不让我们把这些不美好的回忆摒之千里，代之以自我陶醉的梦想和对新生活的不断体验与历练呢？

忘记了忧愁，也就没有了忧愁，可以舒展紧锁的眉、担忧的脸。平日里所有的不公平、所有的不快乐都将随忘记而远去，人就会变得明朗了，好像被乌云掩盖的天突然湛蓝了起来。

忘记了憎恨，也就远离了憎恨。当心灵不因为憎恨而蒙蔽，当所有的一切都变成过眼云烟，人就会整个轻松起来，宽恕了别人，也解救了自己。

学会忘却，也就学会了宽恕自己、解救自己。人生短短几十年，何苦过得那么疲累，何不学会忘却？

放下是一个开心果，是一粒解烦丹，是一道欢喜禅。只要你心无挂碍，什么都看得开、放得下，何愁没有快乐？

快乐是来自于内心，而不是存在于外在。人生是有限的，摆在我们面前的是许多要我们去完成的事情，而且想做的事更多。在这有限的时间里，如果把精力都浪费在微不足道的小事上，或是无谓的人际关系上，这是多么可惜啊！

既然你认为与对方来往已没有什么价值，那么就应该像快刀斩乱麻一样，断然斩断情丝，为新的目标而努力奋斗。以前的经历可以成为我们以后的借鉴，但我们不可因此背上包袱，我们还有很长的路要走。丢掉那些失败、哭泣、烦恼，轻轻松松上路，你会越走越快，越走越欢愉，路也越走越宽。

一个人越是能够放得下很多事，就越是感到精气足。很多时候，问题就像个包袱，挡着你的出路，不如暂且把它搁置一旁，积蓄精气神，采取一个新的姿势去实现目标。试想，一个全身挂满了包袱的人，挪一步都会非常吃力，怎么能够奔跑起来呢？一味地用过去的事折磨自己，只会耗损精气，不利于健康，也不利于事业的成功。

【专访总结】

在生活中我们要懂得让自己的心外化，这不仅是一种勇气，而且也是一种智慧。不要抱着旧的思维模式故步自封，时代的发展对我们提出了新的要求。人生有尽，精力有限，如果我们把名誉、财富、权势、地位、爱情等统统抓在手中，就无法腾出手脚去创造，负重太多，就难以远行。为了达到我们更远大的目标，充分实现我们的人生价值，我们就要有所放弃，才能精气十足地实现我们的目标。

专访三十八：生命是一种气化

【引子】

故曰，形劳而不休则弊，精用而不已则劳，劳则竭。水之性，不杂则清,莫动则平,郁闭而不流,亦不能清,天德之象也。

——《庄子·刻意》

所以说,形体劳累而不休息那么就会疲乏不堪,精力使用过度而不止歇那么就会元气劳损,元气劳损就会精力枯竭。水的本性,不混杂就会清澈,不搅动就会平静,闭塞不流动也就不会纯清,这是自然本质的现象。

【专访】

气是构成世界及人体的最基本物质,而且气又是不断运动变化的。气的运动变化不仅化生了万物,同时,也使万物在不断运动变化。比如,气的运动变化构成了一年四季的不同,有了风雨寒暑的气候变化,有了一天中白天与黑夜的区别。同样的道理,自然界中种类繁多、性状各异的动植物,也无不由气所形成。植物的发芽、生长、开花、结果;动物的出生、生长、强壮、衰老及死亡;人类的幼年、少年、青年、壮年、老年的不同发育阶段,无不是由气的运动变化所致。可见,气的运动变化既是自然界万物存在的重要条件,也是人体生命存在的先决条件。

气在人体中的作用,可以表现在多方面,也可以说,人体生命活动的各种表现,都是气的作用的结果。

第一,气有推动的作用。中医学认为,人体之气是运动不息的。在人体之中,不论在脏腑、经络、血脉、肌肉之中所存在的任何气都是不断运动着的,或升于上,或降于下,或出于外,或入于内。也正是由于气的不断运动,才能推动人体各种正常生理物质与代谢产物在体内的运行,将有用的物质输送到人体的各个组织器官。同样,气又有推动人体内存在的代谢产物、糟粕物质,使之排泄出去的作用。比如有些老年人,由于体质虚弱,会出现大便不易排泄的现象,其中一种原因,就是由于正气虚衰,胃气不足,不能有力地推动大便下行所造成的。再比如，有的人由于长期脾胃有病，导致营养不良，出现下肢和全身浮肿。依据中医理论来解释，这是由于长期营养不良，使人体之气得不到补充而虚弱，气虚则不能推动水液的运行，使水液停滞于肌肤之中的缘故。总之，由于气的推动作用，才能使各脏腑发挥各自的生理功能，维持正常的血液运行和水液代谢，使人体具有生机勃勃的活力。

第二，气对人体又有温养作用。人体有一定的体温，这依赖于气的温养作用来维持与调节。肌肉、骨骼、五脏六腑、五官七窍等，也要依赖气的不断充养才能维持其正常的功能活动。在日常生活中，这类例子是很多的。比如，一个脾胃虚弱的患者，由于长时间的营养不良，使人体之气得不到水谷之气的充养，则会表现为四肢无力、气短、语声低微、心慌等。四肢无力，说明了肌肉的正常功能减弱、气短、语声低微，说明肺的功能减弱；而心慌，又证明心脏功能的虚衰。再如，在冬天，一个人饥饿时往往会有怕冷的感觉，而当吃完饭以后，人的御寒能力会得到提高，这正说明由于食物所化生的水谷之气对人体有温养作用。另外长期的营养不良，或者老年人体质虚弱，往往可以见到手足冰冷的现象。依据中医理论来认识，这是由于人体中的阳气不足以温养四肢所致。可见气在人体中的温养作用对于维持人体的正常生命运动，保持正常的体温，是十分重要的。

第三，气又有抵抗外来致病邪气防御疾病发生的作用。现代医学认为，健康的人体自身对一些致病因素有防御作用，其中白血球起着十分重要的作用。白血球好像人体中的卫士，可以消化、分解和杀死各种体内微生物，消除病原对人体的有害作用。中医学的认识则不然，它将存在于人体中的气又分为正气与邪气。所谓邪气，就是侵犯到人体中的各种导致病症出现的因素，包括外界的致病因素，如西医学所说的细菌、病毒、病原虫之类，也包括物理的、化学的致病因素；同时，还包括在人体中存在的不利于人体健康的各种代谢产物或病理产物，如淤血、水

第四章　养生养心，生命健康

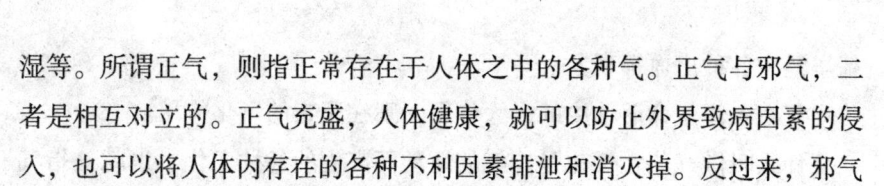

湿等。所谓正气，则指正常存在于人体之中的各种气。正气与邪气，二者是相互对立的。正气充盛，人体健康，就可以防止外界致病因素的侵入，也可以将人体内存在的各种不利因素排泄和消灭掉。反过来，邪气侵犯人体以后，它又不断地损伤人体的正气。

所以，在中医最古老的著作《黄帝内经》一书中就有"邪之所凑，其气必虚；正气存内，邪不可干"的记载。也就是说，邪气之所以能够侵犯于人，往往与人体正气的不足有关；反之，正气充足，邪气也就不容易侵犯人体而导致疾病了。在日常生活中，我们经常可以见到，在同样的天气变化环境中生活的人，有的人很容易得病，有的人则不容易得病。一次流行性感冒的流行，会有不少人得病，但同样也会有不少人不发病。依据中医理论来认识，其之所以得病，是由于他正气不足，再加上不注意预防而引起的；而不发病的人，一方面要归功于正常的生活起居，注意防范各种致病因素，另一方面是人体正气充盛的表现。

第四，气又有固摄作用。也就是说，气对血、津液、精等有形物质具有防止其无故流失的作用。气是人体生命活动的动力来源，在生命活动过程中，有两种既相反又统一的生命现象，一方面要把没有用的物质排泄出去，另一方面这种排泄又有一定的节制。同时，对人体内存在的有用物质，又要使其固摄约束而不外泄。比如，人体每天都应有适量的大小便排泄出来，但是，小便与大便的排泄又不能不受约束。又如，人在某些情况下经常会出汗，但是也不能随时都出汗。排泄依赖于气的推动作用，约束则依赖于气的固摄作用。正因为气有推动与固摄两方面的作用，才能维持人体生命活动的正常进行；使大小便通畅而又得到适当的控制；使汗液的排泄得到调节；女子的月经有行有止；男子的精液既适时排泄，又不会有遗精、早泄等现象发生；血液既能在人体内流动，又不至于流溢于脉外而导致出血。因此，如果一个人的正气不足时，其固摄作用则往往减弱，会出现自汗不止、小便失禁、大便次数太多、遗精早泄和各种出血等现象。

气在人体生命活动中的最大作用，则在于它的气化作用。

什么叫做气化？气化是指气的运动而产生的各种变化。也就是指气在运动过程中不断地新陈代谢，一方面气在运动过程中被消耗，另一方面气又不断得到补充。从人体的代谢过程来看，一方面食物由消化道进入胃以后，被消化吸收，使之转变成水谷之气，水谷之气不断充实到人体的各个脏腑，使脏腑之气得到补充，人体之气得到充实；另一方面，在消化食物的过程中，需要通过口腔的运动、食道的运动，使之到胃，再通过胃的消化，其精微营养物质被吸收后，通过脾脏的运输，而布散到全身，而其消化过程中产生的糟粕，又要通过大小肠运动，被排出体外。这时由于各器官的活动，使正气受到损耗。依照中医理论来认识，前者是使水谷物质化成人体所需要的精、气、血、津液，而后者又在不断消耗人体之中的精、气、血、津液等物质。人正是由于这样一个不断新陈代谢的过程而维持着生命活动。所以当一个人气虚时，它的气化作用就随之而减弱，人身之气得不到补充生命活动能力随之而衰败，就会出现虚弱征象。如果人体之气消亡，气化作用则随之消失，新陈代谢过程终止，生命也就完结了。所以中医说"有气则生，无气则死"。为什么人在生命垂危时，要服用人参等大补元气之品，其道理也正在于此。

【专访总结】

中医认为气既可以升散以布于全身，又可以下降排出体外；既可以入内以养脏腑，又可以外出而达体表。对人体具有营养作用的水谷之气和呼吸之气，通过吸收、布散，成为人体功能活动的动力来源，又使组织器官的形质得以补充。

第五章
温馨常乐，幸福比成功更重要

庄子哲学以完整生命为起点来思考世人应当如何享受自由的幸福生活，他认为只有以通达的精神超越现实世界，才能获得无限的精神自由和心灵宁静，并最终获得绝对的幸福体验。庄子哲学本质上是一种生命哲学、幸福哲学，这种思想无疑是为当今世人提供了一种获得幸福的最佳选择。

专访三十九：立身立心，以孝为先

【引子】

庄子曰："以敬孝易，以爱孝难；以爱孝易，以忘亲难；忘亲易，使亲忘我难；使亲忘我易，兼忘天下难；兼忘天下易，使天下兼忘我难。"

——《庄子·天道》

庄子说："用敬来行孝容易，用爱来行孝难；用爱来行孝容易，使父母安适难；使父母安适容易，让父母不牵挂我难；让父母不牵挂我容易，使天下安适难；使天下安适容易，让天下忘我难。"

【专访】

"孝"道是我们现在常常说的孔孟之道的起始点。孔子强调"君君，臣臣，父父，子子"，国家要有明君才有贤臣，有了慈父才有孝子。家族关系的伦理纲常是双方面的，只有父慈子孝、夫唱妇随、兄友弟爱才能组成一个完美幸福的家庭。如果没有孝悌，家庭就会没有规矩。没有孝悌，就没有了上下尊卑，人类也就没有了道德，那也就与低级动物没什么区别了。

自古以来中国一直崇尚孝文化，孝顺父母，孝顺老人是我们民族文化的核心内容。

孝字的结构，上半部分从老，下半部分却将老的"匕"字以子替换，有深意存焉。人老了最怕的是心头插匕，而不顺心就是匕；而孝就是要以子之顺心，把不顺心之匕去除。

人是理智的，是有良知的，有慈爱的。作为孩子来说，一定要记得父母养育之恩，这样怎么能够不孝呢？

第五章 温馨常乐,幸福比成功更重要

庄子曾讲述过这样一个故事。

他说,曾子在为官的时候,内心发生了很大的变化。在曾子刚刚做官的时候,所领到的薪水仅仅是三釜,这在古代来说,薪水属于低层的范围。然而,后来,曾子升官了,他的薪水领到了三千钟,是原来薪水的一万倍。

但是,曾子现在升官了,而且薪水也提高了,他却并不快乐,原因出在哪里呢?主要是因为,在他原来领很少钱的时候,父母健在,虽然不多,他可以用这些钱来孝顺父母。如今,薪水提高了,但父母却不在了,这些钱对他来说也就没有用处了。

曾子是孝的楷模。他不仅著有《孝经》,规范世人的言行,而且还身体力行,并提出了"慎终""追远"的主张。据《论语·学而》载:"曾子曰:'慎终,追远,民德归厚矣。'"意思就是,要慎重地对待父母的死亡,对于老人的丧事,只要心诚且符合礼仪就行了,不必追求排场。关键在于,你是否在父母在世时进行了"厚养",厚养胜于厚葬。因此,曾子在其父死后并未大操大办,被后人奉为厚养薄葬的典范。

基于此,于是,学生就问老师孔子,说:"曾子这样做,能否称得上很高的境界呢?"孔子回答说:"不算,三釜与三千钟,就像前面飞过的鸟雀蚊虻一样,没有任何差别。真正的孝顺是不论钱多钱少的。"

然而,现如今很多人常常说:"妈妈,我现在没有钱,等我有钱了,我就给你买最好的东西,孝顺您!"母亲听到儿女说出这样的话后往往十分开心,觉得儿女们都很孝顺。其实不然,孝顺是不能用金钱的多少来衡量的,它所讲求的是"孝心",如果你的孝心因为金钱的增多而发生变化,这说明你的孝顺还没有达到更高的境界。所以,庄子主张立身立心,以孝为先。

"孝"是伦理道德的起点。一个重孝道的人,必然是有爱心的、讲文明的人。

重孝道的家庭,亲情浓郁、关系牢固;反之,必然是亲情淡薄、家

庭结构脆弱容易解体、而家庭是社会的基础，可见，不重孝道将会影响到整个社会的稳定与和谐。正像李光耀指出的："孝道不受重视，生存的体系就会变得薄弱，而文明的生活方式也会因此而变得粗野。我们不能因为老人无用而把他们遗弃。如果为人子女的这样对待他们的父母，就等于鼓励他们的子女将来也同样对待他们。"

儒家则直接说不孝之人是"畜牲"。

《三字经》有这样的词句："香九龄，能温席；孝于亲，所当执；融四岁，能让梨；弟于长，宜先知；首孝悌，次见闻。"在古人心中，孝悌应该是天经地义的分内之举，正如"夫孝，天之经也，地之义也，民之行也。天地之经而民是则之"所讲。这就出现了"千经万典，孝悌为先"，也就是人们常常挂在嘴边的"百善孝为先"。

"谁言寸草心，报得三春晖。"每一个人从呱呱坠地的一刹那起，便开始沐浴在父母的爱抚之下，那么这种源源不断的亲情之爱，当以什么来作为报答呢？只有至孝。孝顺父母、尊敬兄长是实行仁道的根本。

作为为人之本，孝贯穿于人类生活中，而理解与宽容则是尽孝的一贯精神。一个不能理解父母，只是固执己见的人是难以真正对父母尽孝的。因为他和父母生活在两个相互隔绝的心灵世界中，这是很尴尬、很悲哀的一件事。而要想真正理解父母还在于善于接受父母的意见，实现他们的心愿。至于这么做是否经济划算已是次要的了，别忘了，孝的根本就在于取悦父母，而我们在父母身心愉悦的过程中，自己也获得了一种人生价值的实现和心灵的满足。孝的意义也由此得以体现出来。

【专访总结】

只有爱自己的亲人，然后才能爱别人。相反，一个连自己的亲人都不能敬爱的人，能敬爱别人吗？"孝悌，人之本也。"这样就把一个"孝"字放在了所有价值之上。做人的根本是做好自己的子女身份。此言并非只是一句伦理说教，而具有深刻的哲学思考，关乎我们一生成败，不可不知。

第五章 温馨常乐,幸福比成功更重要

专访四十:给自己留一处桃花源

【引子】

东郭子问于庄子曰:"所谓道,恶乎在?"

庄子曰:"无所不在。"

东郭子曰:"期而后可。"

庄子曰:"在蝼蚁。"

曰:"何其下邪?"

曰:"在稊稗。"

曰:"何其愈下邪?"

曰:"在瓦甓。"

曰:"何其愈甚邪?"

曰:"在屎溺。"

东郭子不应。

——《庄子·知北游》

东郭子向庄子请教说:"人们所说的道,究竟存在于什么地方呢?"

庄子说:"大道无所不在。"

东郭子曰:"必定得指出具体存在的地方才行。"

庄子说:"在蝼蚁之中。"

东郭子说:"怎么处在这样低下卑微的地方?"

庄子说:"在稻田的稗草里。"

东郭子说:"怎么越发低下了呢?"

庄子说:"在瓦块砖头中。"

东郭子说:"怎么越来越低下呢?"

庄子说:"在大小便里。"

东郭子听了后不再吭声。

【专访】

比如,你不能决定生命的长度,但你可以伸展它的宽度;你不能左右运气,但你可以改变心情;你不能改变容貌,但你可以展现笑容;你不能预知明天,但你可以把握今天。你不能样样顺利,但你可以事事尽力。这就是庄子笔下无所不在的"桃花源"。

成功人士的经验告诉我们,若想控制并引导我们的行为,就得先控制和引导自己的心态。

人生所追求的,大多都和心态有一定的关系。爱情、自尊、自信、快乐、成功、金钱等,都和你的心态有关。心态可说是发生在我们体内几百万条神经作用下的结果。也就是说,在任何时间内的感受,对跟自己有关的事物所做的反应,就叫做心态,可能会是进取的、有为的,也可能是颓丧的、受抑制的,但是很少有人想刻意地去控制它。在追求人生目标上,会有成功与失败两种结果,差别就在于自己处在什么样的心态上。

现实生活中,有些人总是抱怨自己命运不好,看到别人生活中有顺利的时候就会不服气,对社会还会产生一种仇恨,对所有人都报以敌视的态度。他们不知道,这样只能使自己的命运真的变得越来越糟糕。一定要改变这种心态,以善意的态度对待身边的人,以阳光的心态对待这个世界,才能让生活充满阳光。

水依山而行,山因水而活。乐水乐山是人生最大的智慧,也是最丰富的人生意蕴。临水而居、依山而居是人世间最幸福的事。

然而,生活中的人儿啊总是难以达到这种境界,他们总是不断地与人相比较,而且常常拿自己的短处与人相比较,为自己徒增烦恼。

生命不仅要有价值,更应有色彩。

第五章　温馨常乐，幸福比成功更重要

庄子说，水小只能浮起纸船，水大才能浮起大船。比如前面所说的展翅高飞的大鹏鸟，也需要等那海风运起，然后才能扶摇直上九万里，飞向南方。人类自身也是一样，每个人面临的客观条件不一样，别人能做的，你再羡慕也没有用，因为你没有那样的条件。两个小孩跟一个画家学画，别人对画家说，其中一个太笨，建议画家不要收。画家说，聪明的孩子就像薄锅烧水一样，烧得快；笨的孩子，就像厚锅，虽然慢一点，但终究会烧开的，各有各的条件，各有优劣而已。做你能做到的，人生完满充实的法宝就是这么简单。生活中有许多人，不断地为自己制定各种宏大高远的目标，并为之废寝忘食。有理想并勇于去追求当然是好事，但不要好高骛远，而应踏踏实实，从最浅最近处一一做起。

相对宇宙的无限来说，人生何其短暂，但愿我们都能在天地之间找到更多的领悟，在细微之处发现深刻的哲理。如果我们有时间去想一想马克思与燕妮的爱情，去看一看梁实秋用每日一封情书谱就的黄昏恋，去研究一下邓小平堪称"桥牌圣手"的秘诀，我们便不难知道，一个优秀的生命，是不会拒绝同时拥有一份平凡而美丽的生活的！也许你永远也当不上总统，成不了居里夫人，写不出张爱玲那样的文章，但你可以从你的身边做起，做你能做到的。你是你父母不可替代的孝顺子，军队里不可缺少的勤务兵，商店里对人微笑的优秀服务员，你就是个合于自然之道的大写、端正的"人"。

人活着不仅仅是尽生命的义务，劳碌辛苦。如果说当总统还不如摆个小摊快乐，为什么要去当总统呢？人生原本平凡，何不从俗，去品味平淡中的温情与欢欣。在责任与义务之外，在功名成败之外，在名利地位之外，给自己留一处"桃花源"，让生命更多姿多彩。

【专访总结】

生活是一面镜子，你对它笑，它就对你笑；你对它哭，它就对你哭。如果我们有着快乐的思想，我们就会快乐；如果我们有着凄惨的思想，我们就会凄惨。每一个人都有可能承受着常人难以想象的压力，可

天下释解压力的灵丹妙药并不特别为那些不寻常的人生产，恰恰就在常人那里——乐一把，及时调整心态。

专访四十一：幸福不是拥有，而是一种满足

【引子】

庄子钓于濮水，楚王使大夫二人往先焉，曰："愿以境内累矣！"

庄子持竿不顾，曰："吾闻楚有神龟，死已三千岁矣，王巾笥而藏之庙堂之上。此龟者，宁其死为留骨而贵乎？宁其生而曳尾于涂中乎？"

二大夫曰："宁生而曳尾涂中。"庄子曰："往矣！吾将曳尾于涂中。"

——《庄子·秋水》

庄子在濮水边垂钓，楚王派遣两位大臣先行前往致意，说："楚王愿将国内政事委托给你而劳累你了。"

庄子手把钓竿头也不回地说："我听说楚国有一神龟，已经死了三千年了，楚王用竹箱装着它，用巾饰覆盖着它，珍藏在宗庙里。这只神龟，是宁愿死去为了留下骨骸而显示尊贵呢，还是宁愿活着在泥水里拖着尾巴呢？"两位大臣说："宁愿拖着尾巴活在泥水里。"庄子说："你们走吧！我仍将拖着尾巴生活在泥水里。"

【专访】

生活中那些常常被别人的意志所主导，让别人牵引着鼻子走的人，口中天天喊着要追求自己的幸福，殊不知，其实被别人主导根本不是幸福，而是自上绳索，束缚自己。很多时候，世间的人们总是认为自己很聪明，不懈地追寻"幸福"，而往往最终所得到的"幸福"却是一个让

第五章　温馨常乐，幸福比成功更重要

自己上当受骗的圈套。

生活中的人们常常会产生这样的想法，他们常常将拥有当做是一种幸福，简单地认为自己拥有了什么，便会幸福，相反，自己不幸福是因为生命中缺少了这些拥有。于是，为了让自己生活得幸福，他们竭尽全力去获取那些可以给自己带来幸福的"东西"，比如，金钱、名誉、地位等，而这样的思想久而久之占据了主导的地位，渐渐地也就成了人们的生活方式和生活目标。然而，不知这样的人是否想过，如果你仅仅将这些身外之物归结为能够给自己带来幸福的元素，那么，你和行尸走肉又有什么区别呢？

自然提供的财富，足以解决每一个人的温饱，却无法满足人们无限的贪欲。

在温饱和贪欲之间，存在着难以填平的沟壑，于是，那种欲罢不能、求之不得的"痛苦"，便由此源源流出。

《菜根谭》的作者洪应明曾说："贪得的人身上富有了，但人心却一贫如洗；知足的人，身上虽然贫穷，但内心却很知足。人只要有一点贪恋私利，就会销熔刚强变为软弱，阻塞智慧，变得昏聩；仁慧变为狠毒，高洁变为污浊，败坏一生的品行。"

不知足的可怕之处，不仅在于摧毁有形的东西，还在于能搅乱人的内心世界。你的自尊、你的原则都可能在不知足面前垮掉！常言道，欲壑难填。要知道人的欲望一旦爆发，那真是不可收拾！但是，如果你能将这一切看开，那么，你就如庄子先生一样拥有超人的境界。

庄子说，人最大的快乐就是没有快乐，最大的荣誉就是没有荣誉。

在印度的热带丛林里，人们用一种奇特的狩猎方法捕捉猴子，在一个固定的小木盒里面，装上猴子爱吃的坚果，盒子上开一个小口，刚好够猴子的前爪伸进去。猴子一旦抓住坚果，爪子就抽不出来了。人们常常用这种方法捉到猴子，因为猴子有一种习性，就是不肯放下已经到手的东西。人们总会嘲笑猴子的愚蠢，为什么不松开爪子放下坚果逃命？

但审视一下我们自己，也许就会发现，并不是只有猴子才会犯这样的错误。

因为放不下到手的职务、待遇，有些人整天东奔西跑，耽误了更远大的前途；因为放不下诱人的钱财，有些人费尽心思，利用各种机会去大捞一把，结果常常作茧自缚；因为放不下对权力的占有欲，有些人热衷于溜须拍马、行贿受贿，不惜丢掉人格的尊严，一旦事情败露，后悔莫及……

生命如舟，生命之舟载不动太多的物欲和虚荣，要想使之在抵达彼岸时不在中途搁浅或沉没，就必须懂得满足，只取需要的东西，把那些应该放下的"坚果"果断地放下。

让我们从猴子的悲剧中吸取一个教训，牢牢记住，幸福不是拥有，而是一种满足。

人生如戏，每个人都是自己生命唯一的导演，只有懂得满足的人才能够彻悟人生，笑看人生，拥有海阔天空的人生境界。

在许多时候，我们都会讨论一个共同而永久的话题："人的一生怎样才能够让自己拥有快乐？"从乡野莽夫到名人圣贤，各个阶层、不同经历的人都会有各自独特精辟的观点："有的人会以舍生取义、精忠报国为乐；有的人会以不断进取来实现自己的理想为乐；也有的人会以不择手段来满足一己之欲为乐……"其实一个人要想获得真正的快乐，只有卸下背在身上的包袱，只有用心来体验的快乐才是真正的快乐。

尽管人生短暂但却如此的美妙和精彩，那就让我们的身心减少些包袱，只有卸下了种种包袱，轻装上阵，从容地等待生活的转机，不断有新的收获，踏过人生的风风雨雨，才能懂得放手和享有，才能拥有一份成熟，活得更加充实、坦然和轻松。

【专访总结】

托尔斯泰说："欲望越小，人生就越幸福。"这话蕴含着深邃的人

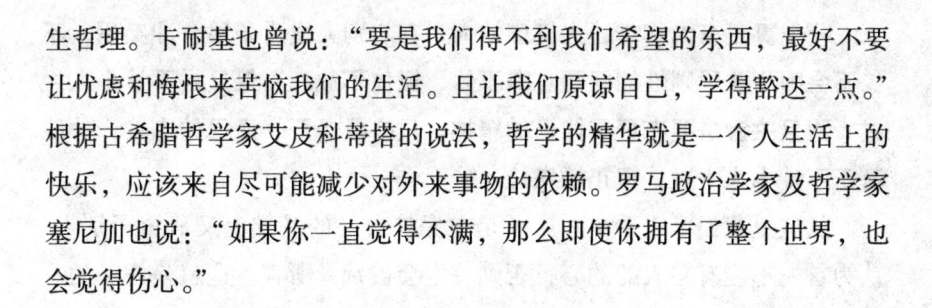

生哲理。卡耐基也曾说："要是我们得不到我们希望的东西，最好不要让忧虑和悔恨来苦恼我们的生活。且让我们原谅自己，学得豁达一点。"根据古希腊哲学家艾皮科蒂塔的说法，哲学的精华就是一个人生活上的快乐，应该来自尽可能减少对外来事物的依赖。罗马政治学家及哲学家塞尼加也说："如果你一直觉得不满，那么即使你拥有了整个世界，也会觉得伤心。"

专访四十二：善待他人，尊重自己

【引子】

且德厚信矼，未达人气，名闻不争，未达人心。而强以仁义绳墨之言术暴人之前者，是以人恶有其美也，命之曰灾人。灾人者，人必反灾之，若殆为人灾夫！

——《庄子·人世间》

如果仅仅是德行存厚、信誉着实，但是不会和别人沟通，即使你个人本身没有争名之心，但是别人未必会了解。强行把仁义道德规范说于暴君面前，无异于当面揭露别人的短处，用别人的丑行来显示自己的美德，这可以说是在害人。而害人的人终将被别人所害，你这样做恐怕会遭到别人的伤害呀！

【专访】

俗话说，"花未全开月未圆"。其实花一旦全开放了，马上就要凋谢了，月一旦全圆了，马上就要亏了。而没有完全开放的花，和没有完全圆的月，却会使人内心充满期待。朋友之道，人际关系之道，皆是如此，稍稍宽容一点，留一点余地，往往收获的是海阔天空。

一个真正有大胸襟、大气度的人，在与别人发生矛盾、冲突后，不仅不会因为非原则性的问题喋喋不休、抓住不放，不仅只是不计小人之过，而且关键是要有严于律己的精神，只有具备严于责己的态度，才能真正不计小人之过，真正地谦让。

从这里我们可以看出，庄子是在保护自己的基础上又尊重了别人，认为首先不能有害人的的心，否则一定会被别人所害。这就是庄子的一个重要原则。庄子告诉我们在人际交往的过程中，我们首先不要去奢求他人的宽容，而要首先学会去宽容别人，只有这样，我们才能在人际交往的过程中得到别人的宽容。

有这样的一个故事。有一天，一个农夫走在回家的路上，一路坎坷不平，发现脚下有一个像袋子一样的东西挡住了前行的道路。农夫想一脚把它踢走，谁知这个袋子似的东西不但纹丝不动反而有胀大的迹象。农夫由于今年雨季没有下多少的雨水，心中本就是恼怒非常，再加上今天遇见拦路的"袋子"更是恼火，农夫抡起手中的锄头向袋子砸去，袋子不但毫无动静而且还继续不断地膨胀，加倍地膨胀。正在这时出现了一个白发老者，亲切地对农夫讲："孩子，快别动它了啊，离它远点吧。这个东西叫怨恨袋，你不动它，它便小得很；你若一动它，它便不断地膨胀，直到你在这里迷失心智。"

这个故事告诉我们，在人际交往的海洋中，不可避免地要与人发生摩擦。如果你一旦动了怨恨的念头，那将会是一条无底的深洞，最终难逃被吞噬的命运。只有在自己的心中盛满宽容，这样才不至于迷失自己的心智，只有这样自己才会减少烦恼，增加机会。我们一定要明白宽容别人就是宽容自己，善待他人就是宽待自己。

宽大仁慈，体现胸襟和气度、涵养与明智。广阔的心胸能够成就大事业，因为这种润物无声的修养和气度，可以赢得更多人的理解和支持。

一个普通人能够拥有宽容之心，能够善待自己，宽待周围的朋友，

第五章　温馨常乐,幸福比成功更重要

那么他就能够拥有朋友的友谊、家庭的幸福,乃至事业的成功。那么作为一个领导者,更应该具备的就是包容的态度,否则他将失去众人的拥戴。

拿破仑是法国大革命期间涌现出的一位杰出的领导者,他在长期的军旅生涯中养成了宽容他人的习惯。作为最高统帅,经常会批评属下,但是拿破仑不仅不用盛气凌人的口吻,反而用士兵能接受的口吻去训示,这样的做法收到了良好的效果,不但军队的凝聚力和战斗力大大增强,就连拿破仑的拥戴者的数量也大大提高。

在一次远征作战过程中,士兵们由于长途跋涉,都非常的疲劳。在夜间,拿破仑巡岗过程中,发现一名站岗士兵睡着了。拿破仑并没有叫醒他,而是拿起了士兵倒在地上的枪站起了岗。过了一会儿,站岗士兵醒来发现身边的拿破仑在为他站岗,站岗士兵显得非常的慌张。拿破仑却说:"士兵,拿好你的枪,无论什么时候枪是不能丢的。你们长途跋涉随我作战,也非常的辛苦,偶尔打了瞌睡是可以理解的,但是我们在敌人的境内,一个疏忽可能会葬送我们整支部队,下次一定要注意。"站岗士兵感激涕零,连声说:"是,是。"

我们可以看出没有大声的训示,没有刺耳的责骂,拿破仑一样收到了很好的效果。多少军队中由于统帅的领导无方导致哗变。

人生在世,都要有能力自治其心,也就是治心窄,求心宽。心胸狭隘者,是一个小气者,是一个无所作为者。心胸狭隘,不仅会害人,而且会害己。心胸狭隘者,总认为自己是对的,别人是错的,看不到自己的弱点,看不到别人的优点,总认为人家跟他过不去,总认为别人在整他。其实,心胸狭隘的人,是自己整自己。一个心胸狭隘的人,不可能干出大事,也不可能创造出优异成绩。只有忘我,才会有我。宽容不仅表现个人的博大胸怀,也表现个人的聪明才智,更能调动部属的积极性,树立起自己的威信。宽容是一切成功者的应有境界。一个人心量有多大,事业就有多大;一个人心能容多少,成就就有多少。

【专访总结】

从古至今，人们都把宽容看成一种美德，而非懦弱的表现。宽容是一种态度，是人生最高的处事哲学。我们能在生活中学会宽容别人，会为我们的生活增加无限的乐趣。只要有一颗宽容的心，我们一样可以收获别人的理解和宽容。

专访四十三：随遇而安，走出超重的生活

【引子】

尧观乎华。华封人曰："嘻，圣人！请祝圣人。""使圣人寿。"

尧曰："辞。"

"使圣人富。"

尧曰："辞。"

"使圣人多男子。"

尧曰："辞。"

封人曰："寿、富、多男子，人之所欲也。女独不欲，何邪？"

尧曰："多男子则多惧，富则多事，寿则多辱。是三者，非所以养德也，故辞。"

——《庄子·天地》

尧在华巡视。华地守护封疆的人说："啊，圣人！请让我为圣人祝愿吧。""祝愿圣人长寿。"

尧说："用不着。"

"祝愿圣人富有。"

尧说："用不着。"

第五章　温馨常乐,幸福比成功更重要

"祝愿圣人多男儿。"

尧说:"用不着。"

守护封疆的人说:"寿延、富有和多男儿,这是人们都想得到的。你偏偏不希望得到,是为什么呢?"

尧说:"多个男孩子就多了一层忧惧,多财物就多出了麻烦,寿命长就会多受些困辱。这三个方面都无助于培养无为的观念和德行,所以我谢绝你对我的祝愿。"

【专访】

潮起潮落,人生起伏,人都有过得志和失志的时候,所谓"宠辱不惊,看庭前花开花落;去留无意,望天上云卷云舒",古人为我们描述了一个泰山崩于前面不改色心不跳的恬淡超然意境,这种意境如果要选择一个词语来高度概括的话,那就非"随遇而安"莫属。

万事皆缘,随遇而安。我们生在人世间,必须得学会接受现实,虽然有时候现实很残酷。要学会随缘一世,这样才能活得自在。

有一句话说"得意莫忘形,失意不失志",这句话的意思是说,一个人如果身处在顺境的时候,不要得意忘形,心高气傲;而一个人如果身处在逆境的时候,也不要垂头丧气,怨天尤人。要懂得在得意与失意的时候仍保持心灵的泰然,这就随遇而安。

然而,在当今的社会中,人们总是被外界的东西腐蚀自己的心灵,让人感到活得难受,活得压抑,活得累极了,而原本的平淡谦和的心境却随之消失得无影无踪。其实,这是人本身的一种错误,对于生活这种外界的东西,它原本就会给我们带来很多必要或者不必要的快乐与痛苦,我们改造着境遇,同时也为境遇所改造。因此,在这种生活中,如果你想让自己的心得到安适,就需要树立起随遇而安的达观生活态度,这种观念对于当今社会中苦苦挣扎而又难以寻求到解脱的人来说是至关重要的。当然,"随遇而安"并不是人们所理解的"知足常乐",它要比这种思想更深邃,它从自然、社会的角度出发,让人在这个环境中谋

求到发展的空间。在一定意义上来说，这种思想更值得我们去遵从。

　　佛家讲究因果报应，儒家主张中庸处世，道家则强调清静无为，三者虽然各自遵从的立场不同，但如果你能静下心来仔细品味一番，你会发现三家的教义中莫不隐含了"随遇而安"的观点。

　　一天，一个人感到心里十分苦闷，于是，他决定到山中行走一番，净化一下自己的心灵。他边走边想，然而在不经意间，他却发现一只猛虎正在自己的前方与自己对视着。他心里害怕极了，于是，急忙拔腿就跑。然而，老虎一看他奔跑，于是，紧随其后追赶起来。他跑啊跑，累得上气不接下气，但老虎依然不停地追赶着他。然而，令人感到悲哀的是，他发现前方已经没有路了，怎么办？情急之下，他发现悬崖边有一个藤条，别无他法之下，他只能依靠这个藤条救命了。于是，他赶紧顺藤往上爬。不幸的是，他刚刚抓住藤条，却发现有一只老鼠正在啃噬藤条。他心想，悲哀啊，难道今天自己就要命葬于此吗。而正在此刻，他看到悬崖边生长茂盛的一棵树上结出许多野果。他想，既然生命已经如此了，不如就在此刻享受一下人间最后的一丝美好吧，他顺手摘下一个果子，放进嘴里慢慢品尝……

　　死对于每个人来说都是必然要经历的一个过程，既然如此，在我们的生命还健在的时候，我们就需要好好享受人生，做到随遇而安。

　　无论贫穷还是富有，我们需要做的就是让自己随遇而安，不要总是将自己置于超重的生活之中。古人说"富贵不能淫，贫贱不能移，威武不能屈"，不要让过多的利欲遮住自己原本快乐的心，不要让痛苦和抱怨遮住自己原本自由的心。人生来是自由的，却无不生活在枷锁之中，罪魁祸首就是心不能随遇而安。

　　其实，很好地反思一下自身，在众多的人群中，我们不过是沧海中渺小的一粒尘埃，再普通不过了。没有我们，太阳依旧东升西落，没有我们，世界依然美好；没有我们，其他人依然生活得快乐，所以，我们

第五章　温馨常乐,幸福比成功更重要

是再普通不过的人了。既然如此,我们就没有必要整日地折磨自己,让自己戴上面具做人,让自己夹着尾巴做人。做自己,想怎样就怎样,随遇而安,让自己活得开阔,活得坦荡,这其实也就是幸福。

在当今这个所谓呼唤英雄的时代,人们总是在无休无止地攀比,在徒劳地垂死挣扎,在摈弃逆来顺受的懦弱的同时,也失去了随遇而安的平静。而在这个以成败论英雄的社会,我们真的需要一点随遇而安的心态。顺其自然,或许,这样的心境能让我有种"柳暗花明又一村"的惊喜!

【专访总结】

人生是短暂的,在这短暂的人生中,我们需要抓住的是快乐、坦然,而不是烦恼和忧愁。所以,我们需要拥有一颗随遇而安的心,让心随风飘然,然后用这颗心去快乐迎接每一天,那么,我们的每一天都会是幸福的、充满阳光的。

专访四十四:得而不喜,失而不忧

【引子】

肩吾问于孙叔敖曰:"子三为令尹而不荣华,三去之而无忧色。吾始也疑子,今视子之鼻间栩栩然,子之用心独奈何?"

孙叔敖曰:"吾何以过人哉!吾以其来不可却也,其去不可止也,吾以为得失之非我也,而无忧色而已矣。我何以过人哉!且不知其在彼乎,其在我乎?其在彼邪,亡乎我;在我邪,亡乎彼。方将踌躇,方将四顾,何暇至乎人贵人贱哉!"

——《庄子·田子方》

肩吾向孙叔敖问道:"先生三次被任命为令尹,没有见您为此而显示荣耀,三次被解职还乡,也没有见到您为此而懊恼。开始我对您的这种心态还很怀疑,可现在看您的表情,的确是坦然的,先生到底是怎么想的呢?"

孙叔敖说:"我有什么超人的地方啊!我不过是把那任命的事当成一件不可推卸的事来办罢了,我不过是把那解职的事当成了一件不可阻止的事来对待罢了,我把它们都看成是由不得我的事情,所以就任它们去了,因此才能没有忧愁。我有什么超人的地方啊!不过是弄不清楚所谓的荣耀和所谓的懊恼到底是归于谁而已,是归于我呢,还是归于令尹呢?如果归于令尹,那就与我没有关系。既然与我没有关系,那么我有什么荣耀和懊恼呢?如果归于我,那就与令尹没有关系。既然与令尹没有关系,那么我为什么还为担任不担任令尹而感到荣耀和懊恼呢?我正要去散心呢,我正要去游览呢,哪里有时间去考虑什么贵贱,哪里有闲暇去顾及人的尊贵与卑贱啊!"

【专访】

生活的艺术就在于知道何时应该紧紧抓住生活,何时却又该放弃,因为生活是复杂的。生活既让我们依赖它的许多赐予,又限定了我们依赖的程度。犹太先知说过:"人紧握着拳头来到世上,却松开手离去。"

的确,我们应该抓住生活,因为生活是奇妙的,到处都充满了美好的事物。而在很多情况下,只有在回顾过去并突然意识到它再也不会出现时,我们才认识到这一真理。

那么,关于取与舍,我们应当如何来理解呢?

有这样一则故事,说一只狐狸走到一个葡萄园外,看见里面水灵灵的葡萄馋涎欲滴。可是外面有棚栏挡阻,无法进入。于是狐狸一狠心绝食三日,减肥之后,它终于钻进葡萄园内饱餐一顿。当狐狸心满意足地想离开葡萄园的时候,发觉自己吃得太饱,怎么也钻不出棚栏。无奈,

第五章　温馨常乐,幸福比成功更重要

它只好再饿肚三天,才钻了出来。

这个世界上美丽的东西有很多,对我们来说重要的是要学会取舍,该取的时候要取,毫不迟疑;该舍的时候要舍,不能留恋。狐狸的挨饿,就源于它不知取舍的"贪欲"。

弃取之间是一种智慧,世上万物,都因"缘"而来,"缘"尽而别,这不是偶然,没什么好留恋。自己用不着的东西最好低价出手或慷慨送人。相信一般人如果把用不着的东西都拿出来,世上一个匮乏的人也不会有。但总有些人喜欢把东西留作备用,喜欢敝帚自珍,就像传说中的貔貅。

美国有好多旧货市场,无数的人把用不着的东西开车送去,售价只是市场价的1/10或1%。一边有人成车送东西来,一边有人分批买回去,要者取,不要者弃,皆大欢喜。我们身边这样的市场极少,有所幼儿园曾举办过旧物交换活动,鼓励孩子们把家里不要的书、玩具、衣物拿出来自由买卖。这个孩子们玩腻的东西,可能对别的孩子充满诱惑。孩子们一面像做游戏似的讨价还价,一面得到爱物,个个眉开眼笑。

人们总是提醒自己鱼和熊掌不能兼得,可是人们的欲望和贪婪却没有满足的时候。反而越满足胃口就越大,得到的不能放下;得不到的,欲望的贪婪更是让我们不顾一切去窃取,用"人心不足蛇吞象"来比喻是最恰当不过的了。人们总是在"取"与"舍"面前更多地选择"取",很少有人能真正地放下欲望的贪婪,舍弃不现实的一切,总认为社会是为自己而存在的,天下之物皆该为自己拥有。人们总是会得陇望蜀,过分地迷恋或贪恋那些物欲横流的东西,不断地往自己的行囊中增加无穷无尽的身外之物,也不管是必需的还是无需的,是有益的还是有害的,是属于自己的还是属于别人的,只为了满足自己的贪婪欲而不择手段地占有,在利欲面前早就忘记了有失必有得,有得必有失。其实,我们的人生是否幸福,关键是看一个人是否知道取舍。欲望太多,

151

会成为一生的累赘。

　　一个人的追求应该是有限度的，不属于自己的东西，不要紧抓不放。一旦让名利迷住了心窍，那么，他就会弄巧成拙，让本来美好的追求化为泡影。

　　做人，要求我们学会争取，也要求我们学会放弃。如果你感到太苦太累太烦太忙太杂，如果你有太多的心事和苦恼，如果你失去了表现真我的机会，如果你没有得到真爱真情，如果你的生活被众多的迷雾遮住了眼，请尝试放弃一些包袱和拖累。

　　及时放弃，放弃得当，勇于放弃。明天，你的太阳会在明朗的天空蓬勃火红地升起；明天，你的人生花园有了赏心悦目的规划清理；明天，你家园的土地会有一片清静和平旺盛生长的新气象。

　　知足者常乐，我们应该学会选择快乐。名利最终会在我们逝去的那一刻离我们而去，为什么我们还要苦苦地去追寻这些注定将要不属于我们的东西？

【专访总结】
　　从辩证法角度看，有取必有舍，有进必有退，就是说有一得必有一失，任何获取都需要付出代价。客观地说，求名并非坏事，但是，什么事都不能过分追求。只要过分追求，又不能一时获取，求名心太切，有时就容易产生邪念，走歪门。结果名誉没求来，反倒臭名远扬，遗臭万年。君子求善名，走善道，行善事。

第六章
与自己和谐，与自然和谐

庄子说："借助于人为而抛弃天然……将会被细末的琐事所役使，将会被外物所拘束。而了解天然之乐的人，生，能顺应自然而行动；死，可混同万物而变化。静处时，他能和阴虚同寂寞；行动时，他能和阳实同奔涌。"所以，人应该是如草木一样生活在自然之中，不要想那么多，让我们的内心更平和一些，对生存的环境更友好一些，对大自然更亲近一些。这样的状态就是最和谐的，而这也正是天人合一的境界。

专访四十五：让生命顺其自然

【引子】

终生役役而不见成功，荣然疲役而不知其所向，讳穷不免，求通不得，无以树业，无以养亲，不亦悲乎！人谓之不死，奚益！

——《庄子·齐物论》

一辈子忙忙碌碌却没有事业上的成功和建树，疲惫不堪地工作却找不到努力的方向，心里很希望摆脱穷困的境地却无法做到，想要谋求显达出人头地也做不到，无法成就自己的事业，甚至连父母妻儿都无法养活，这真是悲哀的事情啊！人们都说这种人不死，活在世上有什么用处！

【专访】

庄子这段话的意思是说，人的一生不应该忙忙碌碌而没有半点成就，不能单单为物质利益疲惫一生而失去自己所追求的东西，不能为此耗尽自己的生命。知道自然的作用，就知道自然化育着一切。人类不可超越自然，要让生命顺其自然。

顺其自然——不怨尤、不急躁、不冒进、不强求、不悲观、不慌乱。随顺自然，毫不执著，这不仅是哲人的态度，更是我们快乐人生所需要的一种精神。

苏东坡和秦少游一起外出，在饭馆吃饭的时候，一个全身爬满了虱子的乞丐前来向他们乞讨。

苏东坡说道："这个人真脏，身上的污垢都生出虱子了！"

第六章 与自己和谐,与自然和谐

秦少游立即反对道:"你说得不对,虱子哪能是从身上污垢中生出,明明是从棉絮中生出来的!"两人各执己见,争执不下。于是两个人打赌,并决定请佛印禅师当评判,赌注是一桌上好的酒席。

苏东坡和秦少游私下分别到佛印禅师那里,请他帮忙。佛印禅师欣然允诺了他们。两人都认为自己稳操胜券,于是放心地等待评判日子的来临。

评判那天,禅师不紧不慢地说道:"虱子的头部是从污垢中生出来的,而虱子的脚部却是从棉絮中生出来的,所以你们两个都输了,应该请我吃宴席。"听了禅师的话,两个人都哭笑不得,却又无话可说。

禅师接着说道:"大多数人认为'物'是'物','我'是'我','物''我'是对立的,因此产生种种矛盾与差别。在我的心中,'物'与'我'是一体的,外界和内界是完全一样的,它们完全可以调和。好比一棵树,显然同样接受空气、阳光和水分,才能得到圆融的统一。管它虱子是从棉絮还是从污垢中长出来的,把'自'与'他'的冲突去除,才能见到圆满的真相。"

人从天地而来,人本该秉从天地的禀性,自然而然地来到这个世界,又自然而然地长成,自然而然地求衣食,又自然而然地离开这个世界,回到天地的怀抱。

从物质上或者从精神上讲,人不过是能活动的泥土,人不过是有智慧的泥土,人不过是能创造奇迹的泥土。我们从天地而来,又回归天地老家,但我们传达了天地的神奇,宣泄了天地的奥秘。那就是我们的生命,那就是我们的生命创造,或者那就是我们生命的意义。

也正因此,庄子说:"与人和者,谓之人乐;与天和谐,谓之天乐。"庄子这段话的意思是提倡人要顺应天意,对天要敬畏,要懂得观照天地之美,体悟天地之心。

据此,庄子说,天道运而无所积,故万物成;帝道运而无所积,故

155

天下归；圣道运而无所积，故海内服。

意思是说，自然规律的运行是没有停顿的，所以万物才得以生成；帝王统驭的规律也是没有停顿的，所以天下百姓才归顺；只有品德修养达到圣明的人对宇宙万物的看法和主张没有中断和停顿，所以四海之内的人才服从。

了解了庄子这段话的意思，那么，我们便获得一份心灵的灵慧，得到一种同于天地的虚静，进到无所不在的自然而然的坦然。我们也就是真的"人"了。

而真的"人"，正是人生的最高境界。

陆贾《新语》云："不违天时，不夺物性。"明白宇宙人生都是顺其自然而形成的结果，这样才能安身立命，随遇而安。这是一种人生态度，高超而豁然，不是很容易做到的。

《庄子·大宗师》中说："死生，命也，其有夜旦之常，天也。人之有所不得与，皆物之情也。彼特以天为父，而身犹爱之，而况其卓乎！人特以有君为愈乎己，而身犹死之，而况其真乎！泉涸，鱼相与处于陆，相呴以湿，相濡以沫，不如相忘于江湖。"

【专访总结】

其实人生一世，无非是尽心而已，对所爱的人尽心，对自己尽心，对生活尽心。如果尽心了，也就无所谓得失，无所谓痛苦了，也许就开始明白，很多事情不是自己能左右得了的。既然如此，让我们的生命历程顺其自然吧！如果没有名利，没有桂冠，没有精彩，没有掌声，就让我们拥有自己的信念，拥有自己的喜怒哀乐，拥有自己那一颗真实的心，认认真真地去撰写这短暂的生命历程。

第六章 与自己和谐,与自然和谐

专访四十六:天人合一

【引子】

古之真人,其状义而不朋,若不足而不承;与乎其觚而不坚也,张乎其虚而不华也;邴邴乎其似喜乎!崔乎其不得已乎!滀乎进我色也,与乎止我德也;厉乎其似世乎!謷乎其未可制也;连乎其似好闭也,悗乎忘其言也。以刑为体,以礼为翼,以知为时,以德为循。以刑为体者,绰乎其杀也;以礼为翼者,所以行于世也;以知为时者,不得已于事也;以德为循者,言其与有足者至于丘也,而人真以为勤行者也。故其好之也一,其弗好之也一。其一也一,其不一也一。其一与天为徒,其不一与人为徒。天与人不相胜也,是之谓真人。

——《庄子·大宗师》

古代的真人,神情巍峨而不使人有压力,好像不足却又无所承受;他特立超群而又不固执,胸襟宽阔虚空而不浮华;他精神焕发像是格外欣喜,一举一动又像是出自不得已!他那容颜和悦令人喜欢接近,与人交往德性宽和让人愿意归依;胸怀宽广像是辽阔的世界!高放豪迈而不受什么限制。他流连忘返好像很闲逸,心不在焉的样子又好像忘了要说的话语。有的人把刑律作为主体,以礼仪为羽翼,用知识去适应时变,用道德去遵循规律。把刑律作为主体的人,以杀止杀也是宽厚仁慈的;把礼仪作为羽翼的人,是要在世间实行教化;用知识去适应时变的人,是出于不得已;用道德来遵循规律,就好像是说有脚的人都能登上山丘,而人们却真以为是勤于行走的人。因此宇宙万物,不管你喜欢还是不喜欢它，都是合一的。你不喜欢它，它依旧是合一的。合一的是合一的，不合一的也是合一的。体验到合一时，是指与自然相处；体验到不合一时，是指与人相处。把自然与人看做是合一而不可能互相对立的人，这就叫做真人。

【专访】

天人合一成为中国思想文化中被普遍接受和认同的人文精神，它纵贯整个中国思想文化发展的全过程，积淀于各个时代的各家各派思想文化之中，因此，它体现着中国思想文化的首要价值和精髓，也是中国思想文化中最完善、最富生命力的体现形式。古代的很多人为了逃避做官都归隐在大自然中，因为他们厌倦了争斗，厌倦了功名利禄，看透了世情冷暖。在自然中，自然可以包容你的一切缺点，不会嫌恶你身上的世俗之气，更不会像世人一样将你遗弃，可以从中放松自我、心旷神怡，获得心灵的安宁。

什么叫天人合一？就是人在自然中的和谐。

陶渊明就很会营造意在言外的诗境，他的《饮酒》诗写道：

结庐在人境，而无车马喧。

问君何能尔？心远地自偏。

采菊东篱下，悠然见南山。

山气日夕佳，飞鸟相与还。

此中有真意，欲辩已忘言。

陶渊明并未多费笔墨，也没用什么华丽的词藻，却传达了无尽之意。"心远地自偏"一句可谓得庄子深蕴，对后人不无启发。

陶渊明也曾担任过江州祭酒、彭泽令等小官职，某年年底的时候，郡官派督邮来见他，县吏叫他赶快穿好衣冠迎接。他叹息说："我岂能为五斗米向乡里小儿折腰。"当天就解去官职，写了一篇《归去来辞》。

第六章 与自己和谐,与自然和谐

其实,陶渊明辞官归隐的真实思想,不只是因为这一点。在《归园田居》诗里,他说得很明白。他说,30年中,几度出仕,深受羁缚,这次坚决脱离官场,归隐田园,就像笼中的鸟飞回大自然一样,感到无比自由和愉快。家乡的草屋、田地、树木、炊烟,乃至鸡鸣、犬吠,都是那么的亲切、可爱。这正体现了陶渊明对黑暗官场的憎恶和对大自然的热爱,也反映了大自然是能给人带来心灵安定的处所。

只有对宇宙、物质、生命有充分正确的认识,人与自然才能无限持续发展!

道家学派之一的庄子也认为万物都是平等的,人只是万物中的一种,人的是非不能代替万物的是非。他举例说:"人躺在潮湿的地方睡觉,会得腰疼或半身不遂病,泥鳅也是这样吗?人在树枝上睡觉会恐惧颤抖,猿猴也会这样吗?人、泥鳅、猿猴,三者谁知道真正舒适的睡觉地方呢?人爱吃牛羊肉,鹿喜欢吃草,蜈蚣吃蛇,猫头鹰吃老鼠,究竟谁知道美味呢?毛嫱、丽姬,是人们公认的美女,但是,鱼见她们,潜入水底;鸟见她们,高飞远避;鹿见她们,迅速逃走。哪一个更懂得漂亮呢?既然万物不是上天为了供人类享用而产生的,而是与人类一样,都是自然演化派生的,它们就应该有平等的地位,就不应互相残杀,而应该建立和谐的关系,友好相处,共同发展。"

因此,出于同情的仁爱之心,庄子特别强调人应有节制地利用自然资源,而不应随心所欲、无休无止地取用万物,尤其是有生之物。因此,庄子主张对自然万物的取用要顺时而为、适时而行,并且要适可而止,要"取之以时",要遵守得时而中的原则。这也反映了关于人与自然应该和谐的认识,也是庄子对于保护自然环境的一个贡献。

【专访总结】

"天地人并称为三才",那天地都在,人呢?人们常说,天时、地利、人和。"把天之仁，地之厚的精华融入人的内心，使天、地、人成为一个完美的整体，人的力量因而无比强大"，从而达到"人在自然中的和谐"的境地。这无疑是我们构建祥和稳定社会的伦理基础。

专访四十七：万物万性，我有我命

【引子】

郑有神巫曰季咸，知人之死生存亡、祸福寿夭，期以岁月旬日，若神。列子见之而心醉，归，以告壶子。

壶子曰："尝试与来，以予示之。"

明日，出而谓列子曰："嘻！子之先生死矣！弗活矣！不以旬数矣！吾见怪焉，见湿灰焉。"

明日，出而谓列子曰："幸矣，子之先生遇我也！有瘳矣，全然有生矣！吾见其杜权矣。"

明日，出而谓列子曰："子之先生不齐，吾无得而相焉。试齐，且复相之。"

明日，立未定，自失而走。

壶子曰："追之！"

列子追之不及，反，以报壶子曰："已灭矣，已失矣，吾弗及已。"

壶子曰："乡吾示之以未始出吾宗。吾与之虚而委蛇，不知其谁何，因以为弟靡，因以为波流，故逃也。"

——《庄子·应帝王》

郑国有个占卜识相十分灵验的巫师，名叫季咸，他知道人的生死存

第六章 与自己和谐,与自然和谐

亡和祸福寿夭,所预卜的年、月、旬、日都准确应验,仿佛是神人。列子见到他内心折服如醉如痴,回来后把见到的情况告诉老师壶子。

壶子说:"你试着跟他一块儿来,把我介绍给他看看相吧。"

第二天,季咸走出门来就对列子说:"呀!你的先生快要死了!活不了了,用不了十来天了!我观察到他临死前的怪异形色,神情像遇水的灰烬一样。"

第三天,季咸走出门来就对列子说:"幸运啊,你的先生遇上了我!症兆减轻了,完全有救了,我已经观察到闭塞的生机中神气微动的情况。"

第四天,季咸走出门来就对列子说:"你的先生心迹不定,神情恍惚,我不可能给他看相。等到心迹稳定,再来给他看相。"

第五天,季咸还未站定,就不能自持地跑了。

壶子说:"追上他!"

列子没能追上,回来告诉壶子,说:"已经没有踪影了,让他跑掉了,我没能赶上他。"

壶子说:"起先我显露给他看的始终未脱离我的本源。我跟他随意应付,他弄不清我的究竟,于是我使自己变得那么颓废顺从,变得像水波逐流一样,所以他逃跑了。"

【专访】

算命看相之事不可尽信,但是,庄子期许我们的,是要在吉凶祸福的命运之外,把握自己的修养机会与觉悟能力,只要体会"万变不离本源的状态",从整体来看待自己的遭遇,化解得失利害之心,那么算命又能奈我何?算命可供谈笑,但不足以决定我的喜怒哀乐。

只有我们自己才能主宰自己,做自己的王,别人看到的一切表象都是虚设的、假设的,关键是要看我们内心对命运的把握,每个人都应该积极打造自己的命运。

命运是选择的结果。

命运是什么？或许有人认为命运是上天注定的，只要一个人降生到这个世界上，他最终的命运也就有了定数。然而，实则不然，命运其实在很大程度上是可以选择的，不同的选择会有不同的人生结局。试想，如果在一个十字路口，你选择了不同的方向，那么，你所经历事情的过程和结果就会不同，从而也就形成了不同的人生命运。所以说，命运是人生的轨迹，而选择就是所走轨迹的结果。

从前，有一位十分贫穷的年轻人，一天，他在地里干活的时候遇到了一位算命先生，于是他请求算命先生为他算一算自己将来的命运。那位算命先生闭着眼睛算了一会儿，然后睁开眼睛说："你注定一生贫困，到最后孤独而死。"年轻人一听算命先生说的话，心里马上凉了下来，所有的斗志都丧失了。他心想："反正人生也就是这样了，还奋斗干嘛，努力还是不努力，最终的结局都是一样，命中早已注定。"后来他索性连地也不种了。此后，他每天从早到晚喝得烂醉如泥，整天晕晕乎乎，无精打采。

一年后的一天，村子里来了一个和尚，他看到这个年轻人整天喝酒，潦倒度日，就问："你为什么不去地里干活呢？为什么天天喝这么多酒？"年轻人说："我为什么要去地里干活，我的命运在一年前就知道了，无论我怎样努力，最终都是贫困一生，还下地干活做什么。"和尚听了年轻人的话后说："你错了，因为你完全误解了算命之人的话，算卦并不能预测你将来的命运，因为卦本来就代表着变化。如果命运是一成不变的，那又怎么能用卦算得出来呢？所以说，命运每天都在变化，不仅如此，它还朝着你所希望的方向转变。"年轻人听了和尚的教诲，觉得很有道理，心里也舒坦了很多。

从此，年轻人不再喝得烂醉如泥，不再昏昏沉沉地度日，而是一边

第六章　与自己和谐,与自然和谐

下地干活,一边看书,结果他的命运也发生了根本性的转变。经过努力,他考上了举人,改变了自己的命运。算命先生的卦根本没有应验。

这个故事告诉我们,命运完全掌握在自己的手中,你想让它朝着什么样的方向发展,那么它就会朝着什么样的方向发展。

纵然命运是一种人生的规律,要受外界的影响,但这种隐含着无数机遇与挑战的人生规律,自己也是可以选择和把握的。所以,只有你自己才是命运的主人。前途不在别人手中,能拯救你的只有你自己。正确地选择自己前进的方向,才能使自己的奋斗目标更接近成功。

有人说,人的一生只有三天,昨天、今天、明天。诚然,你的今天是由你昨天的选择决定的;你的明天将取决于你今天的选择。人生又似一条曲线。起点和终点是无法选择的,而起点和终点之间却充满着无数个可以选择的机会,我们依靠选择制造命运,所以,谁掌握了选择的艺术,谁就掌握了人生。你手中既握着失败的种子,也拥有迈向成功的潜能,你有权选择成功,也有权选择平庸,没有任何人或任何事可以强迫你,就看你如何选择。不同的选择,当然会导致截然不同的结果,而起初选择的正确与否,往往是成功与失败的分水岭。因此,我们要勇敢地选择,并为我们希望抵达的目标作出最正确的选择。

【专访总结】

在庄子看来,算命纵然是一种预测人福祸吉凶的手段,但在这些之外,我们还要学会把握自己的修养与觉悟的能力,从整体来看待自己的遭遇,化解得失利害之心,那么算命又能奈我何?算命可供谈笑,但不足以决定我的喜怒哀乐。

专访四十八：做自己的主人

【引子】

河伯曰："何谓天？何谓人？"

北海若曰："牛马四足，是谓天；落马首，穿牛鼻，是谓人。故曰，无以人灭天，无以故灭命，无以得殉名。谨守而勿失，是谓反其真。"

——《庄子·秋水》

河神说："什么是天然？什么又是人为？"

海神回答："牛马生就四只脚，这就叫天然；用马络套住马头，用牛鼻绾穿过牛鼻，这就叫人为。所以说，不要用人为去毁灭天然，不要用有意的作为去毁灭自然的禀性，不要为获取虚名而不遗余力。谨慎地持守自然的禀性而不丧失，这就叫返归本真。"

【专访】

生活中，我们不要总是拘泥于别人制定出来的条条框框中，也不要总是拘泥于别人已经设定好的原则与真理之中。人与人是不同的，正因为人们之间存在差别，所以，世间才有如此多的人存在着，并演绎着自己的人生精彩。所以说，适合别人的却不一定会适合你，你需要做的就是守护住自己的心，在众多的人群中"走"出来，"找回"自己。没有了众人的喧嚣，人便守住了自己的宁静，没有了他人的人云亦云，人便找到了真实的自己，没有他人的所谓的高明策略，人便学会了独自前行，这是一种与自己和谐的做事原则。

第六章　与自己和谐，与自然和谐

庄子认为："如果证明我是对的，那么人家怎么说我就无关紧要；如果证明我是错的，那么即使花十倍的力气来说我是对的，也没有什么用。"

一个艳阳高照的日子，有一位老人带着自己的孙子去集市上溜达，走着走着，正巧在集市上看到有个人卖驴。这头驴不仅长得肥壮，而且价格便宜。于是老人想，这么便宜的一头驴，如果买下来，牵回家就可以下地干活了。于是，老人就把驴买了下来，然后牵着驴，带着孙子一起回家了。

在回家的路上，老人一想到自己花了很少的钱买了一头很肥壮的驴，心里就喜滋滋的。正当爷孙俩高高兴兴地向前走时，一个过路人对老人说："老人家，为什么牵着驴走而不骑着走呢？那样不是更轻便吗？"

老人家一想，觉得路人说得有道理，买了驴不用，这不是浪费吗？于是老人顺势把孙子抱到驴背上，让孙子骑着驴走，自己在下面牵着驴，继续往前走。

走过了一座小桥，他们又遇到了一个人，这个人对老人家说："老大爷，您为什么不骑上驴走呢，这驴这么肥壮，一定能驮动你们爷孙俩的。"听了他的话，老人觉得他说得有道理，于是自己也翻身骑上驴背。

然而，刚刚走了不远，老人又听见几个种地人在小声说："这么好的驴，肯定是个干活的好帮手，两个人骑，想把驴压死啊。"

听到这样的话，老人琢磨了一阵，不知道该怎么办了。到底是骑着走，还是不骑着走呢？这时坐在爷爷怀里的孙子说："爷爷，要不咱们扛着驴走吧！"老爷子觉得孙子说得有道理，于是二人合力扛起驴向家里走去。

从这个故事中，我们可以认识到，一个人在前行的道路上，一定要有自己的思想，做自己的主人，不能别人怎么说就怎么做，这样到最后只能像爷孙俩一样闹出扛驴而走的笑话。

如果故事的主人公是你，那么，你又该听谁的，又该作何选择呢？我们不得不说，很多时候人是很茫然的，茫然到不知如何决定一件事情，茫然到不知自己该穿哪一件衣服更合适，茫然到在人生的岔路口不知道自己该作何选择。为什么我们总是会因为他人的建议而困顿住自己的思想？为什么我们总是会习惯性地按照他人的建议来主宰自己的生活？要知道，当世间每个人都一样时，这样的天地将会单调而苍白。庄子在这里提出了做自己的主人，做自己的王就可以了，不要茫然，要保持心性的本真。

【专访总结】

做自己的主人，是一种很高的心理暗示。心理暗示，是一种"定力"，表面上看，好像是无所作为，而事实上其间蕴涵的力量却几乎是无法估量的。有一位哲人说过："树林中没有两片相同的树叶，海滩上没有两粒相同的沙子。"物体因差异显示出多彩，事物因不同呈现出多姿，绚丽多姿万紫千红方构成大千世界。人有着不同的遗传背景，有着不同的社会和家庭环境条件，有着不同的人生机遇，有着不同的人生感受体验，从而形成了各自不同的个性。人应该活出自己鲜活独特的个性，生命才会精彩。

专访四十九：不苛求，便获得自我成全

【引子】

黄帝游乎赤水之北，登乎昆仑之丘而南望，还归，遗其玄珠。使知索之而不得，使离朱索之而不得，使喫诟索之而不得也，乃使象罔，象

第六章 与自己和谐,与自然和谐

罔得之。黄帝曰:"异哉!象罔乃可以得之乎?"

——《庄子·天地》

黄帝在赤水的北岸游玩,登上昆仑山巅向南观望,不久返回而失落玄珠。派才智超群的智去寻找未能找到,派善于明察的离朱去寻找未能找到,派善于闻声辩言的喫诟去寻找也未能找到。于是让无智、无视、无闻的象罔去寻找,而象罔找回了玄珠。黄帝说:"奇怪啊!象罔方才能够找到吗?"

【专访】

独特的庄子不仅让人懂得如何处理"失",还教人懂得如何处理"得"。如果你想抱怨,生活中一切都会成为你抱怨的对象;如果你不抱怨,生活中的一切都不会让你抱怨。一味地抱怨不但于事无补,有时还会使事情变得更糟。所以,不管现实怎样,你都不应该抱怨,而要靠自己的努力来改变现状并获得幸福。不苛求,便获得自我成全。生活就是这种道理。

天空中的鸟儿为了有一个安乐的家,它们需要每天飞行很远的地方才能找到搭建巢穴的材料;为了能解决温饱问题,它们需要飞行到很多的地方觅食,但即使是这样的艰难,它们依然喜欢这种生活,而讨厌被别人圈养着的生活。虽然被别人圈养着的生活舒适、安全、食物丰富、温暖,但它们知道那样的生活空间是狭小的,仅仅是一个鸟笼而已,自己自由自在地生活,闲适地飞翔,这些都将化为乌有。没有了这些,那么快乐也就随之而消失了。

但是,在复杂多变的今天,人的内心受到重重的制约,自由对于很多人来说是那样的遥远。

《庄子》开篇题为《逍遥游》,文中讲述了很多故事。这些故事的主旨目的就是为了告诉世人获得自由可以使我们得到一种快乐和幸福。

当然，说到自由，很多人首先想到的就是自己可以不受人束缚，想怎样就怎样，想去哪里就去哪里，想做什么就做什么，其实，这些虽然也称得上是自由，但这是肤浅的。庄子所说的自由是深层次的，是思想方面的自由，而这种自由就要求我们让自己的心得到舒展。生活中，我们的心总是受到种种事情或者文化等方面的制约，以及外物的感受。他人的感受等方面的影响。这样，我们的内心就会失去很多的自由。这也是一种人性的限制。

不仅如此，自由与金钱的矛盾，我们又该如何来解决呢？

当然，对于很多人来说，想到自由就会想到金钱，正因为他们在金钱方面的缺乏，所以，很多人说想要获得自由是很难的。其实，钱不可否认是我们生活中不可或缺的一样东西，但是，有句话说得好，"金钱不是万能的"，有钱并不一定就能自由；相反，没钱也并一定就失去自由。钱虽然能使我们的生活得到最大限度的满足，但关于心灵方面的问题，它却是难以解决的。也就是说，钱相对于有灵性的人来说，它是低层次的，它只是为了满足人的某些需要，它不可能解决人的自由问题。所以，从某种意义上来说，钱是为我们服务的，它的作用是让我们的生活更加美好，我们不应该用今日的自由来换取明日的金钱。因此，如果很多人依然认为钱越多越好，自己的生活越稳定，那么，这样的人仅仅是生活在金钱的漩涡中，而难以走出。更让人痛惜的是，很多人为了得到金钱而甘愿用自由来换取，他们将自己原本自由的身体强加上过重的劳动，将自己原本自由的头脑强加上过重的思想负荷，以牺牲自由的方式来换取明日的金钱积累，这样是不值得的。

如今，人们常常说这样一句话"活在当下"，虽然，人们口中总是这样说，但真正施行起来却很难。很多人往往不是活在当下，而是活在未来，他们总是在为未来而奔波，为未来而奋斗。而人们的精力是有限的，这样就使得未来的需求与现在的自由之间容易形成一个矛盾。我们

第六章　与自己和谐，与自然和谐

想要消除这个矛盾，就要为现在而活，为自己的自由而活，停止对金钱的追求。

庄子的思想给了很多人指点，庄子渴望自由，愿意快乐潇洒地活着，哪怕只是穷快乐、穷潇洒。那么，庄子又是怎样做的呢？

庄子并不是一名迂腐的文士，贫穷并不可怕，不自由才可怕。正是在贫穷的生涯中，庄子的自由思想才得以前进，并越走越远。而庄子所鄙视的恰恰是那些没有精神追求，活在自己自由的虚幻之中，而又自鸣得意的人。

此外，庄子对自由的向往还体现在这样的一个小故事上。

庄子身穿打了补丁的粗布衣服，并用麻丝工整地系好鞋子走过魏王身边。魏王见了说："先生为什么如此潦倒呢？"

庄子说："是贫穷，不是潦倒。士人身怀道德而不能够推行，这是潦倒；衣服坏了鞋子破了，这是贫穷，而不是潦倒。这种情况就是所谓的生不逢时。"

庄子崇尚自由，虽然庄子的一生都生活在清贫中，但他依然对他人说"是贫穷，而不是潦倒"。由这句话，我们可以看出庄子内心的清高，彰显了庄子为了自由而甘愿忍受清贫的思想境界。他虽然身处在清贫中，但却能拥有自己自由的思想境界，这种思想是难能可贵的。

【专访总结】

在我们抱怨的时候，在我们愤怒的时候，在我们为之心酸的时候，很多的原因并不是因为我们贫穷，而是因为我们的欲望太大。欲望越大，人的心灵就难以得到自由。我们只有放弃过多的欲望，这样才能得到心灵的自由和真正的人生解脱。贫穷不是耻辱，潦倒才是耻辱。

专访五十：生活在潇洒之中

【引子】

券内者，行乎无名；券外者，志乎期费。行乎无名者，惟庸有光；志乎期费者，唯贾人也，人见其跂，犹之魁然。与物穷者，物入焉；与物且者，其身之不能容，焉能容人！不能容人者无亲，无亲者尽人。兵莫憯于志，镆铘为下；寇莫大于阴阳，无所逃于天地之间。非阴阳贼之，心则使之也。

——《庄子·庚桑楚》

名分合乎自身，行事就不显于名声；名分超出自身，就是心思也总在于穷尽财用。行事不显名声的人，即使平庸也有光辉；心思在于穷尽财用的人，只不过是商人而已，人人都能看清他们在奋力追求分外的东西，还自以为泰然无危。跟外物顺应相通的人，外物必将归依于他；跟外物相互阻遏的人，他们自身都不能相容，又怎么能容纳他人！不能容人的人没有亲近的人，没有亲近的人也就为人们所弃绝。兵器没有什么能对人的心神作出伤害，从这一意义说良剑莫邪也只能算是下等；寇敌没有什么比阴阳的变异更为巨大，因为任何人也没有办法逃脱天地之间。其实并非阴阳的变异伤害他人，而是人们心神自扰不能顺应阴阳的变化而使自身受到伤害。

【专访】

人，要保持心境安泰，不要太多心，没有过多的欲望便不会有失望。

第六章　与自己和谐，与自然和谐

　　心境安泰镇定的人就会发出自然的光芒。发出自然光芒的，"人各自显其为人，物各自显其为物"。只有注重修养，才能保持较高的道德境界。

　　常常听到这样一句话："人最宝贵的是生命，最美好的是心灵。如果你珍爱生命，请你修养你的心灵。"那么，如果以庄子的角度来说，这样的话又该如何理解呢？

　　在纷纷扰扰的世界里，心灵当似高山不动，不能如流水不安。居住在闹市，在嘈杂的环境之中，不必关闭门窗，任它潮起潮落，风来浪涌，我自悠然坚守自己的信念。面对世俗，如砥柱不随波逐流；面对权贵，如雪峰坚守自己的高洁。这是勇敢，也是骨气。身在红尘中，而心早已出世，如佛之能容天下难容之事，常笑世间可笑之人。这是洒脱，也是一种境界。

　　有人会说，人们永远都需要拥有一颗潇洒的心吗？

　　的确如此，我们的生活是为了自己，我们的努力，我们的奋斗都是为了让自己生活得更好，所以，很多时候为了身外之物，而让自己的心背负更加沉重的枷锁，这样就太悲哀了。人无完人，我们需要拥有的是一颗属于自己的美丽心情。

　　天能覆盖万物，却不能承受万物；地能承载万物，却不能覆盖万物。俗话说"十个手指头伸出来不一样长"，而人也是如此，每个人的优缺点都不同，长处短处也不同，所以，人必然是有所能有所不能的，这是一种自然的现象。因此，当遇到超过自己负荷的事情时，我们无须强迫自己，我们需要做的就是顺其自然，掌握自然，潇潇洒洒地生活，开开心心地生活。

　　风一样吹来吹去，落羽一样无意旋转，不卷入是非，就没有闲事的牵挂拖累。

　　这就相当于辩证法一样，一个人如果不将自己卷入过多的是非之中，那么，你也就没有太多的隐患，也就少了很多的勾心斗角，更少了很多的恶语攻击。

搞艺术的人常常说"残缺是一种美"，的确，任何事情，当我们无力对其进行改变的时候，那么，我们此刻就要学会顺应。任何事情并不一定你做得没有达到要求，它就是一个败笔，其实，很多的事情，我们对其应该保持的态度是顺其自然，这样，我们才能生活在潇洒之中。

其实钱财乃身外之物，只要够我们用就可以了，并不一定非要将钱财上升到自己金字塔般生活的最顶端，这样往往会使事情发生相反的变化。俗话说"无心插柳柳成荫"，无心积蓄就会常常有余，感到富足。立身处世，从容和缓，便不会身心劳损；没有贪心，便不卖弄心机，害人害己。

而这一切正是潇洒的人生，这堪称是人的最高境界了。

【专访总结】

对让自己不快乐的事情、不喜欢的事情，不要勉强自己去做，也不要勉强别人去做。人各有志，没必要人云亦云，别人适合的你不一定适合。对自己不适合的，却费尽心思地去争取，最终只会身心疲惫。选择一种符合自己情绪的生活方式吧！因为"快乐"比财富更重要。

专访五十一：简单是大智慧

【引子】

大知闲闲，小知间间；大言炎炎，小言詹詹。其寐也魂交，其觉也形开；与接为构，日以心斗，缦者，窖者，密者。

——《庄子·齐物论》

第六章 与自己和谐，与自然和谐

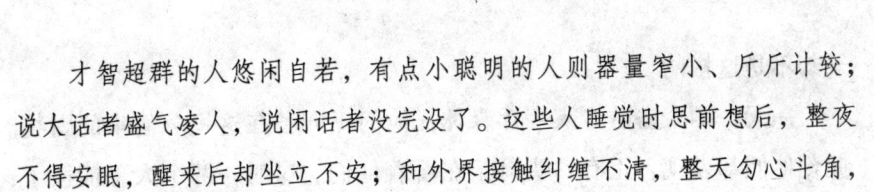

才智超群的人悠闲自若，有点小聪明的人则器量窄小、斤斤计较；说大话者盛气凌人，说闲话者没完没了。这些人睡觉时思前想后，整夜不得安眠，醒来后却坐立不安；和外界接触纠缠不清，整天勾心斗角，他们有的表现得慢条斯理，有的故作深沉，有的思虑细密。

【专访】

很多人都有一个习惯，就是用自己的言行去主宰别人的行动，习惯性地让他人按照自己的意思去行事，殊不知如果总是这样，人的快乐就会消失。因此，想要使自己的心永远保持快乐，就要懂得简单，用简单来约束自己，用简单来应对世事，同时，适当地接纳别人的劝解，将别人有价值的东西吸收进来，这样，自己才能永远拥有快乐的心态。

什么是简单？

庄子说，简单是一种内圣，是一种智慧。在生活中，我们常常对一个快乐的人提出这样一个问题，究竟是什么让你如此快乐呢？很多人会回答说："简单。"而很多时候，我们也会发现这样的人拥有一颗真正的快乐的心。他们在面对困难的时候，拥有这种心境，使得他们遇事镇静，巧妙应对，顺着事物的发展去发展，一切乐观对待，生活得无忧无虑。这就是简单的智慧。

芸芸众生，茫茫人海，我们常常在寻找快乐的答案。其实，快乐是一个多元化的命题，我们在追求着快乐，快乐也时刻伴随着我们。只不过，很多时候，我们身处快乐之中，在远近高低的不同角度看到的总是别人的快乐，往往没有细心感受自己所拥有的快乐。因此说，快乐并没有与我们相距甚远，很多人之所以没有感受到快乐，是因为他们缺少方寸之间的简单与平和。

但人总是难以寻求到简单，人也就注定要背负着苦难去追求幸福，于是就有了惊恐、疑惧、喜悦、苦恼、忧伤、快乐。然而，人的本来样子却不是这样的。

一天，两个盗贼走入一片森林，他们正准备在这里分偷来的财物。此刻他们却发现，正有一头狮子在看着他们。这时，两个人恐慌极了，拿起财物飞一般地跑起来，但两个人最终无法逃脱悲惨的命运，他们都成了狮子的美味佳肴。

然而，同样的事情又发生了。一天，一个猎人因为无人帮助照料孩子，于是背着孩子去森林里打猎。小孩觉得森林里很有意思，于是，东跑跑，西颠颠。结果父亲找不到自己的孩子了，他十分着急。可孩子却玩得十分愉快，孩子正在玩的时候，发现一头狮子朝自己走来。狮子以为孩子会像前两个人一样拔腿就跑，但出乎意料之外的是，小孩居然镇定地待在原地没有动，反而用好奇的眼光望着面前的这头大狮子。他心想，这是什么啊，这么好玩，皮毛还有颜色，嘴边还有胡须，全身都毛茸茸的，真奇特。就这样孩子和狮子展开了对视，可狮子毕竟有野性啊，它看着身边的这个小人居然没有害怕，张嘴吓唬孩子。然而，孩子依然镇定地看着它，甚至还伸手摸了摸它的胡须。最终，狮子发现这个孩子太奇特了，它担心自己难以抵抗他，于是灰溜溜地跑掉了。

这就是简单，无私、无畏、无欺、无伪。

人生的道路虽然各不相同，但命运对每个人都是公平的。窗外有土也有星，有快乐也有痛苦，就看你能不能有简单的心境。

试看世人忙忙碌碌，曾经拥有的一切，到最后只能像风一样被吹过，与其紧张沉重、身心疲惫地度过一生，不如让眉头舒展一点，让呼吸从容一点，让匆匆脚步放慢，让压力烟消云散，轻轻松松过一生。

简单是精神的阳光，没有阳光，万物都不可能生长。你在生活中，同样也需要简单，在简单中观察五彩缤纷的真实生活。一个能够在逆境中保持简单心境的人，要比面临困苦就崩溃的人伟大得多。

第六章　与自己和谐,与自然和谐

【专访总结】

人类给自己创造出一个世界,原本是要给自己幸福和快乐,结果却被这个世界所挟持,以致忘掉人生本来的目的,这是人类的悲哀。给自己一点时间放松一下心灵,这才是人类对自己的最大慈悲。

每个人都会有心烦意乱的时候,天天靠别人来宽慰也不是长久的做法,只有自己学会调节自己的心情,让自己放松,才是最为明智的选择。如果一个人能够实现对自己的心情控制和调节,他就学会了生活,也懂得了生活。

专访五十二:识人先识己,识己先识心

【引子】

凡人心险于山川,难于知天;天犹有春秋冬夏旦暮之期,人者厚貌深情。故有貌愿而益,有长若不肖,有顺懁而达,有坚而缦,有缓而钎。故其就义若渴者,其去义若热。

——《庄子·列御寇》

人心比山川还要险恶,比预测天象还要困难;自然界尚有春夏秋冬和早晚变化的一定周期,可是人却面容复杂多变,情感深深潜藏。有的人貌似老实却内心骄溢,有的人貌似长者却心术不正,有的人外表拘谨内心急躁却通达事理,有的人外表坚韧内心却懈怠涣散,有的人表面舒缓而内心却很强悍。所以人们趋赴仁义犹如口干舌燥思饮泉水,而他们抛弃仁义也像是逃离炽热避开烈焰。

175

【专访】

贤人说"世事洞明皆学问,人情练达即文章",又说"读万卷书不如行万里路,行万里路不如阅人无数"。可见,识人读心是要在洞明世事、练达文章、交游广泛、阅历丰富的基础上才能达至的。

俗话说,人心隔肚皮,要想真正认识一个人,的确不是一件很容易的事。有道是"逢人且说三分话,未可全抛一片心",简单的一句话就强调了与人相处的一个"防"字。

就是这种种理念,使人与人之间形成了一堵人为的心墙,大家你防着我、我防着你,多了冷漠与防备,少了关爱与热情。

应该承认人与人之间是有区别的,不可能天下大同;人群中也不是人人皆可做朋友的,人的性情和志趣千差万别。有的人之于我们,只是互不相交的两条平行线,各自向着自己的目的地行进,不会产生碰撞,也不会产生感情的火花;而有的人,却在我们的生命里留下了深刻的印记,或是相知相携的朋友,或是互相掣肘的对手,甚或是敌人。这就需要我们有一颗识人的心。

那么,如何来识人呢?

首先,识别一个人的好坏,平时特别要注意观察此人与谁要好,与哪些人交朋友。俗话说"一滴水可以折射出太阳的光芒",做人也是同样的道理。从某个人的交友圈中,可以反映出此人的品行、道德和思想。如果与他交往相亲的人,都是一些品质良好、有素养、有度量的贤人,那么,此人就可委以重任;相反,此人若常常与小人相亲,来往的都是一些酒肉朋友,或是一些奸诈小人,则要小心防范。

其次,一个人富了,关键要看这个人如何支配自己的财富。如果仅仅靠口袋里的几个钱,到处炫耀,或是满足个人私欲,花天酒地,不务正业,则此人不能重用;反之,一个人富了,具有一颗善良美好的心,或是以自己的财富贡献于社会,造福于群众,或是以自己的财力培植有所作为的人，视金钱如粪土，视财物为身外之物，这样的人一定是胸有大志的人。

再次，如果某个人处于困境之中，要观察其操守如何。有的人虽处困境，意志却磨炼得坚不可摧，为官做事，正直正派，从不为不正之事，不出卖朋友，不取不义之财，不发不义之财，则此人人格完善，品行端正。相反，一旦"虎"落平阳，身处困境，就怨天尤人，唉声叹气，不思己之过，常责人之短，不思进取，碌碌无为，还有的人人穷志短，哪怕只有一点点机会，都不放过捞钱敛财的机会。尤其是一旦爬上高位，为了自己的蝇头小利，不惜以身试法，这样的人心高气浮，不可为友。

第四，因工作而相处的人，最多是工作上的伙伴，需要的是合作上的默契与愉快，讲求的是能与之达成较好配合的技巧，而不需有太多的情感纠葛。只要工作上能合作愉快，不用考虑是否志趣相投。对这样的人应保持恰当的距离，因为工作中存在着许多利益的冲突，一旦必须作出抉择的时候，人难免暴露出"自私"的一面。如果你事先已与之保持了恰当的距离，就不会因感情用事而蒙蔽了双眼，就能比较清醒冷静地作出正确的判断和防范，进退自如不致受到伤害。

第五，伙伴型的人在我们的生活中占绝大多数。出于生存的需要，我们会与各式各样的工作、生意伙伴打交道。他们与你的生活关系密切，却万不可引为知己，不然，轻则会造成情感的伤害，重则会给你造成致命的一击。因为朋友了解你最多，"朋友"要击败你比陌路人强劲百倍，你的致命弱点尽在他的掌握之中。为着相同志趣走到一起才能称为真正意义上的朋友，彼此之间意气相投，不会计较得失，追求着心灵的契合；情感浓烈时如陈年醇酒，年份愈久，愈陈愈香，讲求平淡如水的交往之道。他也许在你得志时不记得送你鲜花，但在你失意时定是第一时间出现在你面前的人！这种类型的人是上苍馈赠给我们的礼物，是为了让我们在人生之路上不孤单。有的人也许一生也难遇到一个这样的朋友，有幸遇上，一定要用全部的真心去珍惜。

【专访总结】

"防人"是一种被动的姿态，虽是避免不受伤害最为保险的办法，但却像一只背负了重壳的蜗牛，沉重而寂寞；"识人"却是积极的为人态势，怀着一颗真诚智慧的心与人交往，取他人之长，补己之短，趋利而避害，使自己的人生之旅充满欢声笑语，一路轻松好走！

第七章
君子之交，清淡如水

《庄子·山木》："君子之交淡若水，小人之交甘若醴。君子淡以亲，小人甘以绝。"意思是说，君子之间建立在道义基础上的交情高雅纯净，清淡如水。然而，很多人交朋友走极端，要么现用人现交人，要么就是用过之后就将人抛之脑后，这都是不对的。君子之间的交往应当不含任何功利之心，他们的交往纯属友谊，这样的交往才能让人感到长久而亲切。

专访五十三：知己难求

【引子】

庄子送葬，过惠子之墓，顾谓从者曰："郢人垩慢其鼻端，若蝇翼，使匠石斵之。匠石运斤成风，听而斵之，尽垩而鼻不伤，郢人立不失容。宋元君闻之，召匠石曰：'尝试为寡人为之。'匠石曰：'臣则尝能斵之。虽然，臣之质死久矣。'自夫子之死也，吾无以为质矣！吾无与言之矣。"

——《庄子·齐物论》

庄子送葬，经过惠子的墓地，回过头来对跟随的人说："郢地有个人让白垩泥涂抹了他自己的鼻尖，像蚊蝇的翅膀那样大小，让匠石用斧子砍削掉这一小白点。匠石挥动斧子呼呼作响，漫不经心地砍削白点，鼻尖上的白泥完全除去而鼻子却一点也没有受伤，郢地的人站在那里也若无其事不失常态。宋元君知道了这件事，召见匠石说：'你为我也这么试试。'匠石说：'我确实曾经能够砍削掉鼻尖上的小白点。虽然如此，我可以搭配的伙伴已经死去很久了。'自从惠子离开了人世，我没有可以匹敌的对手了！我再也没有可以与之辩论的人了！"

【专访】

古人常常说："人生得一知己足矣。"可见，想要谋求到一个和自己志同道合的人是多么的困难。也正因为如此，所以，钟子期死了，伯牙再不弹琴，因为不再有人能站在他面前，对着他悠扬、激越的琴声，说"志在高山，志在流水"了。

第七章 君子之交,清淡如水

张爱玲曾这样写道:"于千百人中,遇到你所要遇到的人,于千百年中,在时间的无垠的荒野中,有两个人,没有早一步,也没有晚一步,就这样相逢了,也没有什么可说的,只有轻轻地道一声,哦,你也在这里吗?"而徐志摩却告诉世人:"在茫茫人海中,我欲寻一知己,可遇而不可求的,得之,我幸;不得,我命。"

庄子在惠子的墓前讲了一个流传千古的诙谐的故事,并长叹一声,说:"自从惠施老先生过世以后,再就没有能和我一起深谈的人了。"

知此,当知挚友知心可贵,亦难觅矣!故清人何瓦琴《集楔帖字》联曰:

人生得一知己足矣

斯世当以同怀视之

朋友是一本书,一双手,一面镜子……我们重视朋友,是因为他有比金子和生命还贵重的人格意义。

俗话说"一个篱笆三个桩,一个好汉三个帮",每一个成功者的道路上都洒满了他人的汗水,一个人独行简直不可思议。但知己却难求,有一二足已。

每个人的内心都有一个属于自己的角落,那里可能是儿时没有实现的梦想,也可能是生活中无时不在的困扰……如果有一个人能真正走进你的内心,解读你的失意,明白你的困惑,更懂得你的渴望,如果有这样一个人,那他就可以称作你的知己。当你遇到挫折时他会为你送去温馨的话语,不说一句损你尊严的话;当你意气用事时,他会费尽心机为你摆明事理;你有了错误他绝不迁就,而会不厌其烦地帮助你。

真正的知己不一定是夫妻,也不一定是能整天相互厮守的人,他们可能相隔遥远,也许会近在咫尺。他们能相互读懂对方的每一个眼神,能明白对方每句话的含义,他们无须花言巧语,也无须朝夕相处。他们不在乎对方的相貌,也不在乎对方的贫陋,也无须刻意隐瞒自己。他们能容纳对方所有的瑕疵，他们肯为对方两肋插刀，能为对方舍弃所有。形象地说，知己就是另一个自己。人生知己所求的不是简单的理解和懂得自己，而是彼此内心精神的相通。

生活中，在我们的身边，我们需要有这样几个人，他们在我们面前永远是真实的，我们面对他们永远不需要防备什么，也永远不需要有怀疑心。和他们在一起，我们感到自在，感到快乐。如果你身边拥有这样的朋友，那么，这是一件幸运的事。有人说："前世的三千次回眸换来今生的一次相遇。"所以，如果你身边有这样的人，你一定要珍惜，因为这是前世修来的缘分。

如今，每个人都知道朋友的重要性，多结交一个朋友就多一条路。在你最困难的时候，往往是你的朋友帮助了你；离开了朋友，你往往就会陷入无助之中。所以，聪明的人一定不会远离了朋友，因为，他们知道朋友是自己人生中一笔巨大的财富，是关键时刻拉你一把的人。然而，通过与各种各样的人交朋友之后，我们也会发现，其实，我们置身在社会中，虽然我们有广大的朋友来源，比如，商业圈中的朋友、娱乐圈中的朋友、生活圈中的朋友等，然而，我们却很难将一个人交到知己的地步。

有这样一个故事。

一只虱子常年住在富人的床铺上，由于它吸血的动作缓慢轻柔，富人一直没有发现它。一天，跳蚤拜访虱子。虱子对跳蚤的性情、来访目的、是否对己不利，一概不闻不问，只是一味地表示欢迎。它还主动向跳蚤介绍说："这个富人的血是香甜的，床铺是柔软的，今晚你可以饱餐一顿！"说得跳蚤口水直流，巴不得天快黑下来。

当富人进入梦乡时，早已迫不及待的跳蚤立即跳到他身上，狠狠地叮了一口。富人从梦中被咬醒，愤怒地令仆人搜查。伶俐的跳蚤跳走了，慢慢腾腾的虱子成了不速之客的替罪羊丢了性命。然而，虱子到死

第七章 君子之交，清淡如水

也不知道引起这场灾祸的根源。

因此，在选择朋友时，你要努力与那些乐观肯定、富于进取心、品格高尚和有才能的人交往，这样才能保证你拥有一个良好的生存环境，获得好的精神食粮以及朋友的真诚帮助。这正是孔子所说的"无友不如己者"的意思。

相反，如果你择友不慎，恰恰结交了那些思想消极、品格低下、行为恶劣的人，你会陷入这种恶劣的环境难以自拔，甚至受到"恶友"的连累，成为无辜受难的"虱子"。因此，选择朋友很重要。

近朱者赤，近墨者黑。交上益友，一生幸福；交上损友，一生祸害。

和谐的人际交往是不以金钱作为纽带的，这种交往需要的是友情的纽带，这种友情真诚，不做作。所以，你要多与一些志向远大、兴趣相投、见识广博、正直、诚信的人交朋友。

这里，我们不妨听一听"君子之交淡如水"的故事。唐贞观年间，薛仁贵尚未得志之前，与妻子住在一个破窑洞中，衣食无着落，全靠王茂生夫妇经常接济。后来，薛仁贵参军，在跟随唐太宗李世民御驾东征时，因平辽功劳特别大，被封为"平辽王"，一登龙门，身价百倍。前来王府送礼祝贺的文武大臣络绎不绝，可都被薛仁贵婉言谢绝了。他唯一收下的是普通老百姓王茂生送来的"美酒两坛"。一打开酒坛，负责启封的执事官吓得面如土色，因为坛中装的不是美酒而是清水！"启禀王爷，此人如此大胆戏弄王爷，请王爷重重地惩罚他！"岂料薛仁贵听了，不但没有生气，反而命令执事官取来大碗，当众饮下三大碗王茂生送来的清水。在场的文武百官不解其意，薛仁贵喝完三大碗清水之后说："我过去落难时，全靠王兄弟夫妇经常资助，没有他们就没有我今天的荣华富贵。如今我美酒不沾，厚礼不收，却偏偏要收下王兄弟送来的清水，因为我知道王兄弟贫寒，送清水也是王兄的一番美意，这就叫君子之交淡如水。"

　　此后,薛仁贵与王茂生一家关系甚密,"君子之交淡如水"的佳话也就流传了下来。曾几何时,我们为朋友离别而伤感,为朋友的离去黯然伤神,为那段友谊的消逝而叹息心恸,洒下的泪水沾湿了风中的衣裳,迟滞了前行的脚步。朋友就是这样,他也许不会陪我们走过一生,只能陪我们走过一段路。随着年龄的增长、经历和心态的变化,有的朋友近了,有的朋友远了,有的朋友加入了进来,那都是缘分的事,由不得我们去操纵。在人生的岔路口,总有些不得不分道而行的人,他们有他们自己的路。

　　朋友,永远都是短暂人生里一道独特而绝美的亮丽风景。在忙碌、琐碎的平常日子里,走出叹息与烦恼,与一知交享受那闲敲棋子落灯花的逸趣,享受棋逢对手的应唱,"七步"与"八斗"的应酬;或沉浸在默默无言、心神交会的意境中,感受淡如水的君子之交。只是千古以来,知音难觅的感慨在高山流水的韵律中涣涣而流至今日。一段路有一段路的风景,一个朋友有一个朋友带来的乐趣与悲伤,远去的就让我们珍藏在心底,已有的友谊好好珍惜。几许沧桑含在眼里,无论是看那太阳初生的美丽,还是感受雨滴的清凉,抑或是在带着忧伤的季节里,思绪总会停留在那个君子之交淡如水的流年……

【专访总结】

　　人际交往通过谋求沟通、理解、和谐、配合或协作,从而达到左右逢源,四通八达,并使各种关系有条不紊地组织起来,有效地实现自己的目标。所以,在人类社会交往中,如果没有精妙恰当的交际方法,就不能为自己创造成功发展的良好环境。一个人事业的成功,固然要依靠个人的努力,但是,建立良好的人际关系更为重要。因此,积累人脉是人生走向成功的重要课题。然而,在积累人脉的同时,我们也要发现自己的知己,这是人生中难以求见的,所以,一旦发现,就要紧紧抓住。

第七章　君子之交,清淡如水

专访五十四：友谊要在淡中求真

【引子】

且以巧斗力者，始乎阳，常卒乎阴，泰至则多奇巧；以礼饮酒者，始乎治，常卒乎乱，泰至则多奇乐。凡事亦然，始乎谅，常卒于鄙；其作始之简，其将毕也必巨。

——《庄子·人间世》

靠技巧来进行角斗的人，常常是以正当手段开始而以耍阴谋告终。技巧玩得过分，就变成了诡计多端；照酒令饮酒的人，常常是开始还有秩序，后来就乱套了。饮酒过量，就会变成发酒疯。一般办事也是这样，常常是开始时互相谅解，结束时互相欺诈；开始时简洁，将要完结时必定庞大繁杂。

【专访】

无论任何事情都有一定的限度，因此，如果你能将这件事情保持在一定的限度内，那么，你就能很好地驾驭它，如果你没有将这件事情控制在一定限度内，甚至超过了这个限度，那么，事情的性质往往会发生很大的变化。交朋友也是同样的道理，与朋友相处一定要恰到好处，否则一旦超过了这个彼此之间的距离，那么，你们的关系也就发生了很大的变化。

适当的距离不仅是必要的，而且是必须的。

在如今这个讲求合作的时代，几乎每个人身边都有一群胜似兄弟姐妹的好朋友。一旦遇到一些小庆祝或者哪个人过生日之类的活动，这些朋友就会一哄而来，场面十分热闹。不了解情况的人赞赏你的交际圈如此的广泛，然而，在吃喝之后，这些朋友却如同人间蒸发一样，再想找到他们就相当困难了。

为什么会这样？因为伴随着社会的不断向前发展，人际关系也随之发生了很大的变化。所以，在社会中，与他人交友，我们一定要头脑冷静，切不可听到对方"兄弟、姐妹"的称呼，就将自己的真心全部抛出，要做好心态的平衡。

朋友之间，如果还没有到亲密无间地步的时候，便是一条线。前面的路很长，一段亲密无间了，这条线就成了线段，那么交情就要进入倒计时了。

庄子先生认为，人和人之间在最初交往的时候是比较尊敬的，但随着彼此之间交往的不断频繁，那么，这种关系就发生了变化，彼此之间说话变得肆无忌惮，甚至还会出现相互利用的情形。由此可见，在交往时保持好的关系是应该的，但是距离问题一定不可忽视。

人际关系的亲密度并不是越近越好，"距离产生美"，不要时时刻刻把自己的透明度设置为百分之百，要懂得运用距离效应。有节制、有理智的交往才是正确的交友态度，朋友之间不能毫无顾忌。正如在安全的地方人的思想总是松弛的一样，在与好友交往时，你可能只注意到了你们亲密的关系在不断成长，每天在一起无话不谈，对外人你可以骄傲地说："我们之间没有秘密可言。"但是，毫无间隙的距离，往往会对你造成伤害。

张平和刘心两人在上大学时是好到可以穿一条裤子的铁哥们儿。毕业后两人各自有了自己的生活，但大大咧咧的张平却依旧像以前那样，总是随意闯进刘心的房间，乱翻东西，躺在沙发上看足球赛一看就是大半夜，就像是在自己屋一样。这一切都让刘心感到厌烦，但因为是老朋友了，刘心一直保留着对张平的忍耐，而张平也没意识到这样相处的危险，照样我行我素。

第七章 君子之交,清淡如水

有一天,刘心的妈妈突然生病住院,刘心赶回家取钱时,才发现柜子里居然是空的。这时张平来了,刘心看见张平身上穿着女朋友给自己买的毛衣,心里又添了一股气:"柜子里的钱哪儿去了?"张平一点也没发现刘心脸色不对,懒洋洋地说:"女朋友过生日,我还没发工资,就拿你的钱请她吃顿大餐,买了条项链,钱就没了!"刘心冷冷地看着他:"你凭什么不经同意就拿我的钱!"结果那天两人大吵了一通,彻底闹僵了,两个好到可以穿一条裤子的铁哥们儿从此中断了联系。

张平错就错在对朋友太随便,要知道两个人即使关系再好,也是相互独立的两个人,也有彼此不同的家庭生活,彼此之间还是要保持合适的距离互相尊重为好。

朋友之间也需要保持一定的度,如果你越过了这个度,非但不能增进彼此的友谊,反而会伤害双方,连朋友都做不成了。因为毫无间隙的距离往往会降低彼此之间的尊重,破坏彼此的友谊。

古人言:"君子之交淡如水。"假如两个人在互相交往之前就算计着如何利用对方换取利益,没有真诚作为前提,他们是很难在友谊这条路上并肩行走下去的。没有了利益矛盾,才能无所顾忌地谈天说地,讲笑诉哭,他们可能一个星期才见上一面,或一年才见上一面,甚至更久,但彼此心中都牵挂着对方,时刻记着自己有那么一个朋友。

【专访总结】

朋友在人的交际圈中是不可缺少的一个元素,同时也是自己生活中不可缺少的一个元素,所以,我们要懂得珍惜,而且要用"淡水"来滋养这份友谊,这样,这朵花才能娇艳无比。

专访五十五：友情要保有弹簧距离

【引子】

贱而不可不任者，物也；卑而不可不因者，民也；匿而不可不为者，事也；粗而不可不陈者，法也；远而不可不居者，义也；亲而不可不广者，仁也；节而不可不积者，礼也；中而不可不高者，德也；一而不可不易者，道也；神而不可不为者，天也。故圣人观于天而不助，成于德而不累，出于道而不谋，会于仁而不恃，薄于义而不积，应于礼而不讳，接于事而不辞，齐于法而不乱，恃于民而不轻，因于物而不去。

——《庄子·在宥》

低贱然而不可不听任的，是万物；卑微然而不可不随顺的，是百姓；不显眼然而不可不去做的，是事情；不周全然而不可不陈述的，是可供效法的言论；距离遥远但又不可不恪守的，是道义；亲近然而不可不扩展的，是仁爱；细末的小节不可不累积的，是礼仪；顺依其性然而不可不尊崇的，是德；本于一气然而不可不变化的，是道；神妙莫测然而不可不顺应的，是自然。所以圣人观察自然的神妙却不去帮助，成就了无暇的修养却不受拘束，行动出于道却不是事先有所考虑，符合仁的要求却并不有所依赖，接近了道义却不积不留，应合礼仪却不回避，接触琐事却不推迟，同于法度而不肆行妄为，依靠百姓而不随意役使，遵循事物变化的规律而不轻率离弃。

【专访】

庄子这段话的意思主要是在讲仁义、道义，但其实生活中不仅仅仁义、道义是这样，友情同样也是如此。友情就像弹簧，保持适度的距

188

第七章 君子之交,清淡如水

离、适度的拉伸和压缩,才会使之保持永久的弹性美。所以我们在与朋友交往的时候也要时刻注意着保持一定的距离,避免伤害了朋友,或是被朋友所伤害。

亲密并非无间,注意把握好友谊的度。

庄子认为,人与人可以相亲相爱,但请不要互相依赖,彼此之间留一段距离才能将这份得来不易的情感维持。

朋友之间必然会有某种程度上的控制和依赖,这无可厚非,但千万不能过分,否则就很可能导致朋友间关系恶化乃至破裂。

朋友并非父母,他们没有义务帮助你,他们可以给你支持,但不可能包办代替。你必须清楚,朋友的帮助只不过是基于你们的友情而已。因此,对朋友过分地控制和依赖会损害你和朋友的关系。

如果你事事游移不定,老是向朋友询问,就会使你受到朋友某些错误的意见的影响。为此,你应该立刻决定,摆脱对朋友的依赖。有的人恰恰相反,他们盛气凌人,在与朋友的交往中,总喜欢指手画脚,不管朋友的想法如何,都要求朋友按照自己的意愿去做,这种做法同样会为友谊的发展埋下不祥的种子。

朋友之间的交往不可超越本分,更不可过分依赖,这是交友起码的原则。

那么,与朋友相交,怎样才算是合适的距离呢?要避免哪些伤害朋友感情的做法呢?

(1) 不要拿爱情的标准来衡量友谊

你不要希望你的朋友像妻子一样专属于你,爱情是越专一就越甜蜜,友谊则不一样。我们生活在大千世界里,友谊本来就是很多人的事,朋友多了苦恼会少,朋友少了苦恼会多,你应该看到这一点。你是这样,你的朋友也是这样。

健全的和不健全的友谊之间有一条细微得几乎模糊不清的界线。有

189

些人与朋友的关系恶化、令人失望或极其令人不满,他们往往无法区分健全的和不健全的友谊。过分的依赖会损害你和朋友的关系,而且是双方的。

人说夫妻要"相敬如宾",如此自然可以琴瑟和谐,但因为夫妻太过接近,要彼此相敬如宾实在很不容易。朋友之间却可以做到,而要"相敬如宾","保持距离"便是最好的方法。

(2)与朋友该淡则淡,该浓则浓

处理好人与人之间的距离,莫不是处世的学问,而距离就在淡与浓之间,就看你如何去把握了。与朋友该淡则淡,该浓则浓,这才是交友的真谛。

何谓"浓淡相宜"?简单地说,就是不要太过亲密,一天到晚在一起。能"保持距离"就会产生"礼",尊重对方,这"礼"便是防止对方碰撞而产生伤害的"海绵"。

(3)好友亲密要有度,切不可自恃关系密切而无所顾忌

有个人家里出了一点麻烦,可他并不想让别人介入这件事。有个朋友一次到他家去,感觉气氛不对头,于是就不断问:"怎么回事?你家出什么事了?"

这种"无微不至"的关怀,让人不堪忍受!搞得朋友很厌烦。

朋友相交,重要的是双方在感情上的相互理解和遇到困难时的互相帮助,而不是了解一些没有必要的东西。亲密过度,就可能发生质变,好比站得越高跌得越重,过密的关系一旦破裂,裂缝就会越来越大,好友势必会成冤家仇敌。

而现实生活中,牢记这一点的人并不多,以密友相称的人为了证明和朋友关系的亲密,把当众指责朋友、揭露朋友短处看做是一种证明的手段,往往导致友人的不满。"朋友的形象是你们共同的旗帜,不论关系多么亲密,请你不要砍伐它"。

第七章　君子之交，清淡如水

　　有些人自以为朋友和自己心心相印，说什么他都不会计较，就对他当面诉说你对他本人的不满。也许你的朋友并不像你想象的那么大度，而很有可能记恨在心伺机暗中布设圈套陷害你。因此，你在坦言之前，最好是认真思考一下这样做的后果，看对方是否能够接受，是否会产生逆反心理，是否感到你的行为过于轻率，是否会影响你们之间的友谊。如果你发现对方心胸比较狭窄，必须认真考虑对方有没有实施报复行为的可能性。

　　保持距离能使双方产生一种"礼"，有了这种"礼"，就会相互尊重，避免碰撞而产生矛盾。但运用这一技巧时，一定要注意"适当"，也就是一个"度"。如果距离过大，就达不到亲近对方的效果，会使双方疏远。尤其是现代商业社会，大家都在为自己的事业奔波，难以挤出时间，这样很容易忘了对方。因此要经常打个电话，了解对方的近况，偶尔碰面吃吃饭，聊一聊，否则两人的关系等级会逐渐递减。

【专访总结】

　　距离并不是情感的隔阂，保持适当的距离可以让友谊获得新鲜的空气。交友时，要把握好交往过程中主客体间的空间距离、心理距离，要考虑到双方彼此间的关系、客观环境的因素，给对方一定的空间。

专访五十六：朋友交往掌握好分寸

【引子】

　　兽死不择音，气息茀然，于是并生心厉。克核大至，则必有不肖之心应之，而不知其然也。苟为不知其然也，孰知其所终！故法言曰：

"无迁令，无劝成。过度益也。"迁令劝成殆事。美成在久，恶成不及改，可不慎与！

——《庄子·人间世》

猛兽临死时什么声音都叫得出来，气息急促喘息不定，于是迸发伤人害命的恶念。大凡过分苛责，必会产生不好的念头来应付，而他自己也不知道这是怎么回事。假如做了些什么而他自己却又不知道那是怎么回事，谁还能知道他会有怎样的结果！所以古代格言说："不要随意改变已经下达的命令，不要勉强他人去做力不从心的事，说话过头一定是多余、添加的。"改变成命或者强人所难都是危险的，成就一桩好事要经历很长的时间，坏事一旦做出悔改是来不及的。

【专访】

用镜子来形容人与人之间的交往是再好不过了。在朋友相处中，如果你对他人坦诚相待；那么他人对你也会坦诚相待，你对他人不信任，总是疑神疑鬼，同样，他人也会这样对你。所以，你想要他人怎样对待你，那么，你就需要怎样对待他人。所以，不要过分苛刻别人，一旦超过了一定的限度，那么，对方也一样会用相同的办法来对付你。因此，记住，与朋友交往一定要把握好分寸。

不要勉强他人成功，过度的要求反而会给对方带来压力，弄巧成拙。

庄子认为，在现实生活中，人们总是对自己所犯下的错误保持宽容的态度，原谅自己，但对他人所犯下的错误却总是紧追不放，非要追究出一个所以然来。这种处事的方式是不对的。

有一位朋友和同事闹不愉快，他向同事说："从今以后，你是你，我是我，我们断绝所有的关系，彼此毫无瓜葛……"说完这话不到半年，他的同事成为他的上司。这位朋友因讲过重话，只好辞职，另谋他就。

第七章　君子之交,清淡如水

俗话说:"逢人只说三分话,留下七分自己赏。"有些人也许以为大丈夫光明磊落,事无不可对人言,何必只说三分话呢?但老于世故的人的确只说三分话,时刻都会为自己留条后路。你一定认为他们是狡猾,是不诚实,其实这并不是不诚实,也不是狡猾,而是说话本来就有三种限制,一是人,二是时,三是地。非其人不必说;非其时,虽得其人,也不必说;得其人,得其时,而非其地,也不必说。非其人,你说三分真话,已是太多;得其人,而非其时,你说三分话,正给他一个暗示,看看他的反应;得其人,得其时,而非其地,你说三分话,正可以引起他的注意,如有必要,不妨择地另作长谈,这才是最机智的做法。

廉颇曾顽固不化,蔑视蔺相如,到最后,不得不肉袒负荆,登门向蔺相如谢罪。郑庄公说话太尽,无奈何掘地及泉,遂而见母。因此,古语说:"凡事留一线,日后好相见。"凡事都能留有余地,方可避免走向极端。特别在权衡进退得失的时候,务必注意适可而止,尽量做到见好便收。

凡事都要留有后路,也就是说:"做任何事情宜留后路,以便需要时能够退身。"人生多变化,好花不长开,好景不常在。开车,你要有备用钥匙;银行里应有一些存款;与人相争,话不宜说太绝。总之就是做任何事都要留下一个可回旋的空间。

我们在对待他人的时候,应该从他人的角度出发,将自己内心站在对方的位置去试想:"如果是他这样对待我,我会有怎么样的想法,我会不会感到难过,我会不会为此生气。"

有一个苦行僧,为了找到他心中的佛而四处云游,吃尽了世间的苦,可是他依然未能找到他心中的佛。

在一个漆黑的夜晚,这个远行寻佛的苦行僧走到一个非常荒僻的小村庄。漆黑的街道上,村民们默默地你来我往。苦行僧转过一条巷子时，他看见有一团晕黄的灯正从巷子的深处静静地、慢慢地亮过来。这时，他听到有个村民说："瞎子过来了。"

僧人听后很吃惊，就问那个村民道："那挑着灯笼的真是一位盲人吗？"

"他真的是一位盲人。"那位村民十分肯定地告诉他。

苦行僧百思不得其解。一个双目失明的盲人，提着灯，他自己又看不见道路，他甚至都不知道灯光是什么样子的，他挑一盏灯笼岂不令人觉得荒谬和可笑？那灯笼渐渐近了，晕黄的灯光渐渐从深巷游移到了僧人的面前。百思不解的僧人忍不住走上前，问道："很抱歉地问一声，施主真的是一位盲者吗？"

那挑灯笼的盲人很肯定地回答他："是的，从踏进这个世界，我就一直双眼混沌。"

僧人接着问："既然你什么也看不见，那你为何挑一盏灯笼呢？"

盲者回答说："现在是黑夜吧？我听说在黑夜里没有灯光的映照，那么满世界的人都和我一样是盲人，所以我就点燃了一盏灯笼。"

僧人若有所悟地说："原来你是为别人照明啊？"

但那盲人却坚决地说道："不，我是为自己！"

"为你自己？"僧人更加不解了。

盲者缓缓问僧人："你是否因为夜色漆黑而被其他行人碰撞过？"

僧人说："是啊，这是时常会遇到的事情。就在刚才，我还被两个不留心的人碰撞过。"

盲人听了，就很自豪地说："但我就没有，虽说我是个盲人，但我挑了这盏灯笼，既为别人照亮了，也更让别人看见了我。这样，他们就不会因为看不见而碰撞我了。"

苦行僧听了，恍然大悟。

凡事想到别人的辛劳与付出，想到别人的困难与窘境，想到别人的期盼与等待，然后从自己力所能及的地方开始为他人着想，为别人搭把手，为别人做嫁衣时，就是在为自己的成功铺路。

【专访总结】

如果我们真诚地对待他人，那么，他人也一样会真诚地对待我们，所以，很多的时候，不要总是在个人的得失方面计较太多，要懂得设身处地地为他人着想。

专访五十七：朋友之间不要以利益来计算

【引子】

子独不闻假人之亡与，林回弃千金之璧，负赤子而趋。或曰："为其布与？赤子之布寡矣；为其累与？赤子之累多矣。弃千金之璧，负赤子而趋，何也？"林回曰："彼以利合，此以天属也。"

夫以利合者，迫穷祸患害相弃也；以天属者，迫穷祸患害相收也。夫相收之与相弃亦远矣。君子之交淡若水，小人之交甘若醴；君子淡以亲，小人甘以绝。彼无故以合者，则无故以离。

——《庄子·山木》

假国人逃亡，（有一个叫）林回（的人）丢弃价值千金的璧玉，背负初生的婴儿逃命。有的人说："因为价值吗？初生的婴儿值钱太少了；因为省力吗？初生的婴儿拖累太多了。丢弃价值千金的璧玉，背负初生婴儿而逃命，为什么？"林回说："那只与利益相吻合，这是与天道相一致的。"

所谓与利益相吻合的东西，就是遇到贫穷和灾祸的时候会互相抛弃；与天道相一致的东西呢，遇到贫穷和灾祸的时候是互利的。那互利和互相抛弃相差太远啦。君子的友谊淡得像清水一样,小人的交情甜得像甜酒一样;君子淡泊却心地亲近,小人甘甜却利断义绝。大凡无缘无故而接近相合的,那么也会无缘无故地离散。

【专访】

人际交往通过谋求沟通、理解、和谐、配合或协作,从而达到左右逢源,四通八达,并使各种关系有条不紊地组织起来,有效地实现自己的目标。所以,在人类社会交往中,如果没有精妙恰当的交际方法,就不能为自己创造成功发展的良好环境。一个人事业的成功,固然要依靠个人的努力,但是,建立良好的人际关系更为重要。因此,积累人脉是人生走向成功的重要课题。

成功学大师卡耐基经过长期研究得出结论说:"专业知识在一个人成功中的作用只占15%,而其余的85%则取决于人际关系。"可见,人际关系是多么的重要。

一般来讲,一个人的人脉对其生活、工作的内容及质量有一定的影响。对于现代人来说,不断扩大自己的人脉圈是增强现代意识、提高自身竞争能力、开拓事业的一个重要手段。

三国时期的刘备,他的才华与计谋不如诸葛亮,他的能征善战的本领不如关羽、张飞、赵云,但即使他有如此多的不足之处,最终却能成为这些人的领导,并成了雄霸一方的人物。这是什么原因呢?其实很简单,就是因为他能将人际关系这张网很好地编织起来,自然就能够将这些流传千古的人物归于自己帐下。

所以说,人际关系是决定人生成败的一项重要因素,没有好人缘,不知要失去多少成功的机会,干多少事倍功半的事情;而一个拥有良好人际关系的人,可以在社会上无往不胜。这就是人际关系的力量。

美国总统罗斯福说过:"成功的第一要素是懂得如何搞好人际关

第七章 君子之交,清淡如水

系。"在商界也流传着这样一句名言:"一流人才最注重人缘。"这说明社会交往能力能增强一个人的能力,一个人接触面越广,他的知识、道德就会愈加长进。它是我们生命中的一笔无形财富,是推动我们前进的动力,使我们看到前方的希望。

但是,我们也不可否认,生活中常常有一些人利用朋友,将利益的关系加入到朋友的关系之中,这样的朋友关系很难长久地维持下去。

庄子认为,做人要有一颗不侵害他人利益的心,容得下他人的成就,对待朋友更应该保持这样的心态,这样彼此之间的友谊才能维持得长久。

羊有跪乳之恩,鸦有反哺之义。兽犹如此,何况人乎?但问题的关键在于,小人"做人"重于做事,"谋人"多于谋事。

小人遇到恩人的帮助和提携,他日日思夜夜想的不是感恩,不是把事情做好,而是如何才能尽快地超越恩人的地位。恩人的肩膀能靠一靠的,他会踩着上;如果不可,恩人成了他往上爬的绊脚石,那就对不起了,一脚踹开,毫不怜惜和犹豫。

明末,魏忠贤进入了最有权势的部门,窃据了最核心的位置,贪欲和野心也随着膨胀起来。他与其他奸人勾结,首先为其掌握更大的权力而扫除障碍。他们采取的震撼朝野的第一动作是谋杀魏朝和王安,保证他在太监的二十四衙中树立其不可动摇的地位。

其实魏朝和王安都曾经是魏忠贤昔日的好友和恩人。是魏朝将魏忠贤这一乡间农夫引荐入宫,后来,又是他不时地向主持宫事的王安好言荐举,魏忠贤才日益得以重用。故此,二人结为兄弟。在魏朝发现他与自己的"对食"宫人客氏勾搭后,二人发生了矛盾,兄弟变成了仇敌。熹宗即位后,魏朝被赐名为王国臣,位掌兵仗局,一时成了实力派人物。这样魏朝在生活和事业上都成了魏忠贤的有力竞争对手。魏忠贤决心除掉这个心腹之患。

197

一次，二魏在一起饮酒，为争客氏斗骂起来，深夜惊动了熹宗。客氏自然支持魏忠贤，结果魏朝被勒令告病出宫。魏忠贤将其赶出了皇宫仍不放心，矫旨将其发往凤阳，并在路上派人将其生生绞死。魏忠贤除掉魏朝之后，矛头又指向位在自己之上的王安。

王安是明代比较正直的太监，并且在朱由校登基皇位的斗争中，他立有功劳，所以熹宗对他信任有加。在熹宗即位后就有意让他接任掌印太监，王安心里自然十分高兴，但依照惯例要上表辞谢。而魏忠贤与客氏密谋趁机向熹宗进言，准了王安的辞谢，立即把这一要职给了一贯依照客魏意愿行事的王体乾。

魏忠贤轻而易举地扳倒了王安，念他日前对己不薄，本想放他一马，可阴毒的客氏进言，不能留此后患！这样魏忠贤就指使私党参奏王安，熹宗也不问青红皂白就稀里糊涂地把为大明朝忠心耿耿卖命一生的王安降职到南海子净军。王安一腔冤屈无处诉说，当他匆匆赶到南海子后，按照魏忠贤的部署，王安竟然被断绝饮食，三天后没饿死，就被一刀斩杀了。

正直的王安被除，王安手下的太监也被魏忠贤即刻驱逐殆尽。同时，魏忠贤以王体乾、李永贞等宦官为羽翼，暗中拉拢大学士沈㴶为帮手，迅速在宫中形成新的权力集团。他还劝说熹宗在宫中选拔一批身强力壮的宦官组成军队，以备后用。魏忠贤自己同时掌握东厂大权，这样宫中的实权尽收手中，为他实现更大的野心和贪欲创造了条件。

魏忠贤勾结客氏，一朝得势，翻脸无情，对妨碍自己的同伙狠下毒手，一一扫除，这不但暴露出他篡权的野心，也表明了这个阴谋家品质的卑劣，真所谓"子系中山狼，得志便猖狂"！

【专访总结】

现实生活中，有些占有欲很强的人，他们的价值取向是非常现实的，任何时候他们都会更注重现实的、经济的利益。只要有机会捞好处就会不顾一切地去做，有时候甚至会为了得到自己想要的东西而恶意地背叛朋友。这样的人实在可怕，假若你身边有这样的人，你要多多提防。

专访五十八：朋友资源可用但不可透支

【引子】

不累于俗，不饰于物，不苛于人，不忮于众，愿天下之安宁以活民命，人我之养毕足而止，以此白心。

——《庄子·天下》

不被世俗所累，不以外物为追求，不依附他人而存活，随顺自然不违背众情，但愿天下安宁让百姓得以生存，从衣食俱足即可，别无奢求，以此寡淡清白其心。

【专访】

老子说："治人事天，莫如啬；夫唯啬，是谓早服。""啬"字，其意思就是节省、爱惜、保护。因此，也可以很明显地看出，老子的这句话，就是针对人类经济行为说的。从另一角度讲，这也是老子提供给人类"经济方法"的极其重要的原则。发展经济的最基本因素是资源，第一是资源，第二是资源，第三还是资源。没有资源，经济就没有发展的可能。如果资源耗尽，就会导致经济的死亡。节约保护资源就是保护国民的命根子。人类认识到了透支地球资源的重要性了，却忽略了人与人之间也存在着"啬"一说。朋友就是一笔宝贵的资源，如果超额透支，不幸的只会是自己。

人生的交友智慧有千万条，但最重要的一条就是对他人不能索取太多。

庄子认为，人与人之间的交往有一定的限度，无论是多么亲密的关系，对方总会因为你的要求太多而弄得不愉快。

而这也就是我们生活中所说的度的问题，"度"是事物保持自己质和量的限度，是和事物的质相统一的限量。任何度的两端都存在着极限和界限，而超出了这个范围，事物的质就会发生变化。所以说，虽然人情的威力很大，可以帮我们做很多原来以为不可能的事，但是人情并不是取之不尽的水，任你自由取用。相反，人情就像银行的存款，耗用无度也是会入不敷出的。

人和人之间相处最不可缺少的就是"情"这个字，简单地说就是"人情"。有些人喜欢用"人情"来办事，但"人情"是有限的，不能挥霍无度，否则，到最后，你可能什么也没有。

无度地耗用人情，其结果会是怎样的呢？第一，你们之间的感情会随着你的消耗而渐渐淡化，甚至不相往来，情分就此断了。第二，你在他心目中的印象发生了变化，你给他留下了不知人情世故是何物的人的印象，一旦出现这样的现象，那么你们之间的感情也会随着发生变化。但是，并不能说会出现这样的结果，我们就不去依靠朋友，借用朋友资源，要知道，人是社会性的动物，离开人情也是举步维艰的。

那么如何动用友情才不至于"透支"呢？

（1）人情需要用在刀刃上。首先要清楚彼此之间的交情究竟有多深，人情究竟有多重，然后再根据事情的轻重程度来酌情考虑是否能够请求朋友帮忙。

（2）不要总是把别人欠你的人情时时刻刻记在心上，如果你这样做，那么，你的心理就会时时刻刻产生想要对方归还这份人情的思想，一旦你有事真的需要求助对方帮忙，那么，此时的你可能就需要以对方

第七章 君子之交,清淡如水

欠你的人情为赌注来请人帮忙,你们之间原本的感情也许就会因为此刻你的这种心思而就此戛然而止。

(3)很多人都有一本或数本的银行存折,如果你年初存 5000 元,到了年底,你会发现,存折上不只是 5000 元,还有利息!人际关系也是如此。

真正头脑灵活的人,是在自己能力范围之内尽量"给予"的。而受到此种看似不求回报的人帮助的人,只要稍微有心,绝不会毫无回礼的。他会在能力所及的情形下与你合作。透过此种交流,彼此关系自能愈来愈亲密,愈来愈有力,终至成为对你很有帮助的人。

【专访总结】

关系网编织起来并不容易,所以一定要悉心经营,千万不可不计后果地耗用无度,一点点地花费,最后"透支",粉碎,让你的人情存款愈来愈少。

专访五十九:距离产生美

【引子】

《谐》之言曰:"鹏之徙于南冥也,水击三千里,抟扶摇而上者九万里,去以六月息者也。"野马也,尘埃也,生物之以息相吹也。天之苍苍,其正色邪?其远而无所至极邪?其视下也,亦若是则已矣。

——《庄子·逍遥游》

《齐谐》上记载:"当鹏飞往南海时,水浪击起达三千里,借着旋风盘旋直上九万里,离开北海 6 个月的时间到达南海才休息。"野马般奔腾的雾气、飞扬的灰尘,以及生物都是被风所吹而飘动的。天色苍

201

茫，难道是它真正的颜色吗？还是因为太远太高，看不到它的边际呢？鹏往下看，也是这样罢了。

【专访】

俗话说，距离产生美。特别是人与人之间。距离太大，就是隔膜、障碍；距离太小，又仿佛失去了神秘感，失去了吸引力。就好像对一些太容易得到的东西，我们往往不懂得去珍惜；而对得不到又有机会得到的东西，我们会期待着努力去争取。

"在亲密无间中保持距离"，这也许是对距离最好的诠释了。

保持距离感绝不是设置心灵上的屏障或戒备防线，物理距离也好，心理距离也罢，绝不是感情距离。"距离"没有固定的数字，它因人、因场合而异，掌握了距离这一门学问，我们就学会了尊重和被尊重，就能更好地处理人与人之间的关系，在和谐友善中走向辉煌。

距离是人们维持自己身心健康的基本要素，过近的接触会给人一定压力，而过远的接触却使人期待压力。距离犹如一缕芳香，时常隐隐而来，给人以无尽的遐想，就像我们常说的那样，保持距离就能够保持一种良好的感觉。

正如庄子在逍遥游中所说的那样，你从地面上看天空，总是感觉很漂亮，这是天空真正的颜色呢？还是因为太高远看不清楚呢？他继续说，从天空看地面一样也是这个道理。一般人总是觉得天空美，但这是因为天空距离人很远，人往往忽略了距离而产生的美感，所以，才会出现这样的感受。

相反，缺少了距离，那么，人与人之间的关系就会发生变化。

乐凯上大学后专心于创作。值得庆幸的是，偶然的机会她遇到了知名的专栏作家丽萍，她们成了知心朋友，无所不谈。丽萍悉心指教，乐凯不久便寄给了父母一张刊登自己文章的报纸。一个人在挫折时受到的帮助是很难忘的，更何况是朋友。乐凯与丽萍几乎合二为一了，一同参

第七章 君子之交,清淡如水

加鸡尾酒会,一同去图书馆查阅资料。乐凯把丽萍介绍给她所有认识的人。

但这时丽萍面临着不为人知的困难,她已经拿不出与名声相当的作品了,创作源泉几乎枯竭了。

乐凯把她最新的创作计划毫无保留地讲给丽萍听时,丽萍心里闪过了一丝光亮。她端着酒杯仔细听完,不住地点头,罪恶想法就产生了。

不久,乐凯在报纸上看到了她构思的创作,文笔清新优美,署名是"丽萍"。乐凯谈到她当时的心情时说:"我痛苦极了。其实,如果她当时给我打一个电话,解释一下,我是能够原谅她的,但我整整面对报纸等了3天,也没有任何音讯。半年之后,我在图书馆遇到了丽萍,我们互相询问了对方的生活,以免造成尴尬,然后,很有礼貌地握手告别。自那件事以后,我们两个人全都停止了创作。"

好友亲密要有度,如果过分亲密,你们之间原本很好的关系就可能发生变化,甚至会发生破裂,正所谓"站得越高跌得越重",朋友之间的距离也是一样的道理。过密的关系一旦破裂,裂缝就会越来越大,甚至难以调和。

其实,这种关系也就如同我们与自己周围的环境的关系一样。试看,为什么旅游越来越成为人们所崇尚的一种休闲娱乐方式?也许很多人会说这是为了放松,其实,这里面除了放松之外,还有一个重要的原因,就是距离产生美。在一个城市生活得时间久了,此时,你对这个城市的每一个地方似乎都有了清晰的了解,那么,这个城市对你来说就没有新鲜感了。但是,如果你到一个新的地方去,那么,这个城市对你来说是完全陌生的,任何的一个地方,甚至银行可能都需要你自己去寻找,而这往往就会在人们的心中增添很多的新鲜感。此时,无论你走到任何一个地方,你都会发觉这个城市是那样的美,这就是距离产生的效果。

【专访总结】

医生治病救人,所用的药剂量必须要保持适度,如果超过了这个限量,不但难以解救病人,甚至还会使病情恶化。与朋友相处的道理也是一样,朋友之间必须保持适当的距离,恰到好处,如果超过了适当的距离,彼此之间的关系就会发生变化,好关系也可能会变得不好。有距离才会有美好的感情,这是聪明人的做法。

第八章
勘破生死，珍爱生命

庄子曾说"死生，命也，其有夜旦之常，天也"。意思是说人的生死和白天黑夜一样，是自然现象，是不可避免的。在庄子的逻辑学里，生是死的酝酿，而死则意味着表演闭幕。庄子把生死理解成一种循环。我们的生，只是一个灵魂带着某个面具在世间这个舞台上活动；我们的死，则是这个灵魂摘下了面具等待舞台下观众的命令，等待他要上演的下一个角色安排。庄子不贵生贱死，但也绝不轻生，绝不去刻意追求死亡，因为那将同样有悖自然之理。他希望的是，人们能抛开心中的生死之思，自在逍遥地活着。

专访六十：看透生死，演绎华彩人生

【引子】

庄子与惠子游于濠梁之上。

庄子曰："鲦鱼出游从容，是鱼之乐也。"

惠子曰："子非鱼，安知鱼之乐？"

庄子曰："子非我，安知我不知鱼之乐？"

惠子曰"我非子，固不知子矣；子固非鱼也，子之不知鱼之乐，全矣！"

庄子曰："请循其本。子曰'汝安知鱼乐'云者，既已知吾知之而问我。我知之濠上也。"

——《庄子·秋水》

庄子和惠子一道在濠水的桥上游玩。

庄子说："白鲦鱼游得多么悠闲自在，这就是鱼儿的快乐。"

惠子说："你不是鱼，怎么知道鱼的快乐？"

庄子说："你不是我，怎么知道我不知道鱼儿的快乐？"

惠子说："我不是你，固然不知道你；你也不是鱼，你不知道鱼的快乐，也是完全可以肯定的。"

庄子说："还是让我们顺着先前的话来说。你刚才所说的'你怎么知道鱼的快乐'的话，就是已经知道了我知道鱼儿的快乐而问我，而我则是在濠水的桥上知道鱼儿快乐的。"

【专访】

"知鱼之乐"一词，出自于《庄子》。庄子想鱼的快乐就是他的快

第八章 勘破生死,珍爱生命

乐,这似乎不是正常人的思维,但正因为如此,庄子才有胜人之处,心中无碍,天地即我。其实,在生与死的问题上,庄子也同样拥有这种独到的见解。

庄子的养生思想是求"忘死"。在庄子的眼中,"死"应包含在"生"的过程里,是生命的最后一段旅途;生、老、病、死,这是上天的公平给予,正是这四个环节构成了伟大的生命。

虽然生死是人生的一种循环,但人们在面对死的时候又是如何对待的呢?

人的一生往往会遇到很多不如意,正所谓"失意事常十之八九",哀叹、感伤、彷徨、浮躁、空虚、无聊等,都会为我们的生活平添许多不如意,然而,如果将这些不如意与死亡相比较,那么,这些东西又将是多么的渺小,不值得一提。

中国是一个传统的国家,在中国人看来,"死"这个字是不能轻易说出口的,即使有人真的走上了这条路,那么,我们也要称其为"去了,走了,老了……"然而,我们不得不说,即使人人都逃避说这个字,但这个字却是真实存在的,也是人一生所必须走向的结局。而且,当面对这种结局的来临时,人总是无限哀伤,无限留恋生命的美好、生活的美好,而最终其他人也将会满怀伤痛地将已去之人送走。试看,死是一个人一生必然经历的结局,既然如此,在面对死亡的时候,我们的确无法彻底超越,然而淡化对它的思想却是有必要的。有的人很在乎生死,为了延年益寿,他几乎把所有时间都用在延长自己的寿命上了,忙着进行身体锻炼,不断地吃养生药物,整天生活在对死的恐惧之中。究其一生,他只是为避免死亡而活,这样活着,就算这辈子再长又有什么意义?更有意思的是,人是否真的就能因此而长寿了?谁也无法知道。因为我们并不知道,一个人本来应该可以活多长时间。实际上,有不少人正因为过于热衷于参与这些活动而减少了寿命,或由于活动过度,或由于用药不当。由此看来,对付死亡的唯一方法也就只能是蔑视死亡、忘却死亡了。

然而,大哲人庄子对于生死又是如何看待的呢?

庄子认为,生为苦,死为乐,所以,一个人在面对死亡的时候无须乎悲痛,而应该以高兴的态度来对待。庄子先生在其所写的文章中,很多篇幅都涉及到生死观问题,庄子曾说"死生,命也,其有夜旦之常,天也",意思是说人的生死就如同白天黑夜一样,是自然现象,是不可避免的。而人是自然的一种产物,既然如此,那么,人也都会如同自然界的其他物体一样有着产生、发展、灭亡的过程,这是一种事物发展过程的必然,非外界人力作用所能改变的。庄子老先生早在两千多年前就将生与死的概念参悟透,这种智慧是其他人难以超越的。

庄子假托自己和骷髅对话,然后以骷髅表明了自己的观点:"死,无君于上,无臣于下,亦无四时之事,纵然以天地为春秋,虽南面王乐,不能过也。"他还说"夫大块载我以形,劳我以生,佚我以老,息我以死",由这些语言,我们可以看出,在庄子的意识中,他所倡导的依然是生痛苦,死快乐。对此观点,我们在庄子"丧妻而歌"中就可以感受到。

然而,庄子这种洒脱的生死观,在茫茫红尘中,又有几人能做到和庄子一样呢?

【专访总结】

因为不曾拥有,所以欲望空空、毫无不舍。将生死寿夭、苦乐悲欢、是非荣辱、高低贵贱放在心上是愚人的悲哀,这样的人还在"有我"的境界里苦苦挣扎。在庄子看来,既然人间的生死寿夭、苦乐悲欢、是非荣辱、高低贵贱没有什么区别,是虚幻不实的,是梦,人们就应该把它们看淡,身处其中而心处其外,不去辩识,不去执著,来了就让它们自然而然地来好了,去了就让它们自然而然地去好了。可是人们

第八章 勘破生死,珍爱生命

却往往做不到,结果是自寻烦恼,等到事情过去了,才醒悟过来,才悔不该当初。

专访六十一:人生就是一场梦

【引子】

昔者庄周梦为胡蝶,栩栩然胡蝶也,自喻适志与!不知周也。俄然觉,则蘧蘧然周也。不知周之梦为胡蝶与,胡蝶之梦为周与?周与胡蝶,则必有分矣。

——《庄子·齐物论》

过去庄周梦见自己变成蝴蝶,欣然自得地飞舞着的一只蝴蝶,感到多么愉快和惬意啊!不知道自己原本是庄周。突然间醒起来,惊惶不定之间方知原来自己是庄周。不知是庄周梦中变成蝴蝶呢,还是蝴蝶梦见自己变成庄周呢?庄周与蝴蝶那必定是有区别的。

【专访】

在一般人看来,一个人在醒时的所见所感是真实的,梦境是幻觉,是不真实的。醒是一种境界,梦是另一种境界,二者是不相同的;庄子是庄子,蝴蝶是蝴蝶,二者也是不相同的。

但这不是庄子的感受。

两千多年前,庄周就用这个故事提出了人类的一种困境,直到现在,科学的发展仍没有给梦境一个完美的解释,哲学上的概括也就很难令人满意。如果仔细想来,精神病人或者有着奇特思想的人,他们是不是也是处在梦中,因而使得他们无法被常人理解?然而,"庄生梦蝶"的确是个美妙的意境。庄周也无非是想告诉我们,物、我一体,因而是非无别，容藏于一体。

不管是庄周梦见自己变成了蝴蝶，还是蝴蝶梦见自己变成了庄周，蝴蝶与庄周毕竟是不一样的，它们之间的转化也就是物与物之间的转化，是一种"物化"。庄子进一步把这个故事上升到对生死的理解上。他认为，人生人死只是一种物的转化，宇宙是一个循环不已的大混沌。就宇宙整体而言，从一无所有的朦胧状态变为有形有象的明晰世界，又由有形有象的明晰世界回归到无形无象的朦胧状态；在有形有象的明晰世界中，由一种东西变成另一种东西，又由另一种东西变成了第三种东西。如此而已，永无止境。人生人死不过是这一大流变中的一个瞬间。

做梦是十分普遍的经验，像"日有所思，夜有所梦"，几乎是个自然的现象。但是，当我们想起过去发生的事，不是也有"如梦似幻"之感，让人无法分辨孰真孰假吗？

若是庄周，就接受自己是个僵卧不动的、与别人格格不入的、在世间走投无路的这样一个人；若是蝴蝶，那就"自在飞舞、开心得意"，尽情享受生命的喜悦吧！

自从人类开始学会思想以来，常有人去思索我们从何处来，又要往何处去，亦有无数的哲人在不停地思考探讨人生是什么？我们这些普通的凡人亦偶尔会停下我们不知方向的脚步，思索自己前行的方向和意义，然后给自己一个暂时值得信服的答案再继续前行！

人生如梦，生命本身就是一种奇迹，我们来到这个世界上，要感谢上苍的恩宠，感谢父母的养育，珍惜生命，好好活着，就是一种莫大的幸福。

人正是知道了死，才掂量出了生的分量。尽管长途跋涉叩开的都将是死亡的大门，人还是要去抓住生的每一瞬间，珍爱生命给我们带来的快乐。试问，还有什么比活着更为幸福的呢？

这就如同一场梦一样，在梦中我依然快乐而平凡地生活。我不能做一个优秀的人，就做一个平凡而自由的人，幸福、了无遗憾；尽心地孝敬父母，真心地对待朋友，老实地做人。在梦中，何必一切都那么认真？

有两种人梦很多，一种是弱者，因现实得不到而梦，在梦中寻求平衡，而弱者的梦永远是梦；一种是智者，智者因梦而开拓。实非实，梦非梦，梦而成实，实亦是梦。

庄子把人生看成是一场梦，他认为，人的生命包含了身体与心智，但是另外还有更高的精神层次。宇宙万物的变化也许真是一场梦，但是做梦的人一旦清醒，就会觉悟人生的可贵在于展现精神层次的意境。这才是庄子立说的用心所在。

【专访总结】

人生如梦，人生不可无梦，若非如此，则如一潭死水，了无生机。爱情是梦中之梦，若无爱情梦牵魂绕，离了暮雨朝云，巫山纵然万古长存，也无非是一堆烂石头而已——人因梦而丰富，梦为有人而生。

专访六十二：生命需要支点

【引子】

俄而子来有病，喘喘然将死，其妻子环而泣之。子犁往问之，曰："叱！避！无怛化！"倚其户与之语曰："伟哉造化！又将奚以汝为，将奚以汝适？以汝为鼠肝乎？以汝为虫臂乎？"子来曰："父母于子，东西南北，惟命之从。阴阳于人，不翅于父母；彼近吾死而我不听，我则悍矣，彼何罪焉！夫大块载我以形，劳我以生，佚我以老，息我以死。故善吾生者，乃所以善吾死也。今之大冶铸金，金踊跃曰'我且必为镆铘'，大冶必以为不祥之金。今一犯人之形，而曰'人耳人耳'，夫造化者必以为不祥之人。今一以天地为大炉，以造化为大冶，恶乎往而不可哉！"成然寐，蘧然觉。

——《庄子·大宗师》

　　子来生了病，气息急促将要死去，他的妻子儿女围在床前哭泣。子犁前往探望，说："嘿，走开！不要惊扰他由生而死的变化！"子犁靠着门跟子来说话："伟大啊，造物者！又将把你变成什么，把你送到何方？把你变化成老鼠的肝脏吗？把你变化成虫蚁的臂膀吗？"子来说："父母对于子女，无论东西南北，他们都只能听从吩咐调遣。自然的变化对于人，则不啻于父母；它使我靠拢死亡而我却不听从，那么我就太蛮横了，而它有什么过错呢！大地把我的形体托载，用生存来劳苦我，用衰老来闲适我，用死亡来安息我。所以把我的存在看作是好事，也因此可以把我的死亡看作是好事。现在如果有一个高超的冶炼工匠铸造金属器皿，金属熔解后跃起说'我将必须成为良剑莫邪'，冶炼工匠必定认为这是不吉祥的金属。如今人一旦承受了人的外形，便说'成人了成人了'，造物者一定会认为这是不吉祥的人。如今把整个浑一的天地当做大熔炉，把造物者当作高超的冶炼工匠，用什么方法来驱遣我而不可以呢？"于是安闲熟睡似的离开人世，又好像惊喜地醒过来而回到人间。

【专访】

　　一个人，当他的内心把生命当做一次穿越的时候，也许死亡在他的心中，已经变成"生"的延续被超越了。人的价值观更多地看重社会上的名垂青史，看重在社会坐标系上的建功立业。

　　生命在它自己现有的形态上，支点是它最大的价值。

　　比如说司马迁，司马迁在他的《报任安书》里面，给他的好朋友任少卿写的信里，他回顾了自己下狱、受刑这整个过程，他说自己非常冤枉，自己这样一种被诬陷，以"莫须有"的这种罪名被诬陷，然后满朝文武没有人去救他，这种情况下，他当然可以选择死亡，但是为什

第八章 勘破生死，珍爱生命

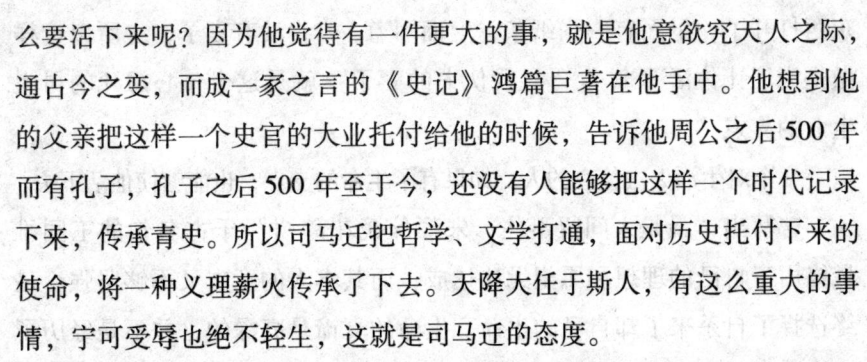

么要活下来呢？因为他觉得有一件更大的事，就是他意欲究天人之际，通古今之变，而成一家之言的《史记》鸿篇巨著在他手中。他想到他的父亲把这样一个史官的大业托付给他的时候，告诉他周公之后500年而有孔子，孔子之后500年至于今，还没有人能够把这样一个时代记录下来，传承青史。所以司马迁把哲学、文学打通，面对历史托付下来的使命，将一种义理薪火传承了下去。天降大任于斯人，有这么重大的事情，宁可受辱也绝不轻生，这就是司马迁的态度。

司马迁本是个小官吏，后来被委屈地受了宫刑，这使他感到了极大的侮辱，几乎想到了自杀，但是为了写出《史记》，他还是忍辱负重地活了下来，才有了《史记》这经典的旷世之作。创作《史记》是司马迁的人生目标，也是他生命的支点。人应该有一个生命支点，这样可以使他在任何环境里都能生活下去。

生命的支点是支撑每个人生活下去的动力，如果没有生命的支点，那么人即使是在极其舒适的环境中生活，他也会觉得生活是毫无意义的，对什么事情都不感兴趣，整天不是无味地活着，就是醉生梦死地活着，他会觉得很空虚，那是没有目的地活着。

有了生命的支点，即使是生活的环境很差，但是他是有目的地活着，他为了这个目的也能够很好地生活。

曾经在一本杂志上读到这样一篇文章，说有一个男人，他的妻子女儿都死了，他悲痛欲绝，一心想死，后来他被抓了壮丁，在军队中遇见一个伙夫。这个伙夫交给他一些东西，让他想办法逃出去，设法找到伙夫的妻子，把这些东西交给她。这个一心想死的男人真地逃了出来，按照伙夫告诉他的地址寻找着，但是始终没有找到，他不甘心地继续寻找。在寻找伙夫妻子的过程中，他有了活下去的勇气，一边寻找一边做起小生意，后来又娶妻生子，有了新的家庭，就有了新的责任，又有了生活的勇气和力量。最后他实在是找不到伙夫的妻子，便把伙夫给他的东西打开了，里面有一张纸条，上面写着："我没有妻子，之所以这样做是为了让你活下来。""寻找伙夫的妻子"就是这个一心想死的男人生命的支点。

一个对生活失去信心的人，如果有了生命的支点，也能够使他活下去。

曾写出"最是人间留不住，朱颜辞镜花辞树"千古名句的王国维最终由于自己的理想和愿望无法达成，而其本人的意志又不够坚强，最终选择了自杀来了却自己的生命。生命的真谛是高深的，并不是经历了几次挫折，尝试了几多苦难就能全部领悟。

有位长者曾告诫我："生命不易，不要让生命在生存的过程中受到恩恩怨怨的伤害，更不要让它在短暂的时间内经受酸楚与苦闷的侵扰。"遥望星空，我们的生命就像天空中的星星，在自己固有的轨道上发光、运行。为功名发光的生命是不是很累？为附庸风雅运行的生命是不是很浮？生命的亮点也许就是那种"人生无根蒂，飘如陌上尘"，将功名利禄抛弃，怡然坦求。

【专访总结】

生命是短暂的，但对每一个人都有不同的延续，也许还有些放不下的东西，但希望生命中不会有太多的遗憾，因为我们都在用心努力！

专访六十三：活在当下

【引子】

庄子妻死，惠子吊之，庄子则方箕踞鼓盆而歌。

惠子曰："与人居，长子老身，死不哭亦足矣，又鼓盆而歌，不亦甚乎！"

庄子曰："不然。是其始死也，我独何能无概然！察其始而本无生，

第八章 勘破生死,珍爱生命

非徒无生也而本无形,非徒无形也而本无气。杂乎芒芴之间,变而有气,气变而有形,形变而有生,今又变而之死,是相与为春秋冬夏四时行也。人且偃然寝于巨室,而我噭噭然随而哭之,自以为不通乎命,故止也。"

——《庄子·至乐》

庄子的妻子死了,惠子前往表示吊唁,庄子却正在分开双腿像簸箕一样坐着,一边敲打着瓦缶一边唱歌。

惠子说:"你跟死去的妻子生活了一辈子,生儿育女直至衰老而死,人死了不伤心哭泣也就算了,又敲着瓦缶唱起歌来,这也太过分了吧!"

庄子说:"不对哩。这个人她初死之时,我怎么能不感慨伤心呢!然而仔细考察她开始原本就不曾出生,不只是不曾出生而且本来就不曾具有形体,不只是不曾具有形体而且原本就不曾形成元气。夹杂在恍恍惚惚的境域之中,变化而有了元气,元气变化而有了形体,形体变化而有了生命,如今变化又回到死亡,这就跟春夏秋冬四季运行一样。死去的那个人将安安稳稳地寝卧在天地之间,而我却呜呜地围着她啼哭,自认为这是不能通晓于天命,所以也就停止了哭泣。"

【专访】

芸芸众生,茫茫人海,我们在努力寻找幸福的答案。其实,幸福是一个多元化的命题,我们在追求着幸福,幸福也时刻地伴随着我们。而幸福是什么,幸福就是活在当下。

有人问一个禅师:"什么是活在当下?"

禅师回答:"吃饭就是吃饭,睡觉就是睡觉,这就叫活在当下。"

的确,在你的生命中什么才最重要,很简单,就是你现在做的事情,现在和你一起做事情的人。所以,人需要活在当下,珍惜当下。

一个人只有立足当下,才能彻悟人生,笑看人生,拥有海阔天空的人生境界。

有个小和尚,每天早上负责清扫寺院里的落叶。清晨起床扫落叶实在是一件苦差事，尤其在秋冬之际，每一次起风时，树叶总随风飞舞。每天早上都需要花费许多时间才能清扫完树叶，这让小和尚头痛不已。他一直想要找个好办法让自己轻松些。

后来有个和尚跟他说："你在明天打扫之前先用力摇树，把落叶统统摇下来，后天就可以不用扫落叶了。"小和尚觉得这是个好办法，于是隔天他起了个大早，使劲地猛摇树，这样他就可以把今天跟明天的落叶一次扫干净了。一整天小和尚都非常开心。

第二天，小和尚到院子里一看，他不禁傻眼了。院子里如往日一样满地落叶。老和尚走了过来，对小和尚说："傻孩子，无论你今天怎么用力，明天的落叶还是会飘下来。"

小和尚终于明白了，世上有很多事是无法提前的，唯有认真地活在当下，才是最真实的人生态度。

所谓"当下"就是指你现在正在做的事、待的地方、周围的人。"活在现在"，就是要你不去追忆过去的荣耀，也不悔恨过去的过错，更不去盲目地憧憬未来，活在幻想中；而是脚踏实地，好好把握珍惜今天，珍惜现在。

小时候听过一首歌叫《幸福在哪里》，歌词还记得："幸福在哪里？朋友啊告诉你。她不在柳荫下，也不在温室里……"

幸福到底是什么，它在哪里呢？活在当下并全身心地投入，这样的人生就是幸福。

在岁月如波、不停向前的同时，对于已逝的过去，感叹是无济于事的。我们只有让昨日止于昨日，汲取曾有的教训和心得，珍惜每一刻的当下，在今天，尽己所能地活出你所渴望的人生。

有这样一个令人发笑的故事。

从前，有一个人生活十分贫困，每天吃饭都困难。一天，很巧合的是他捡到了一个鸡蛋，他十分高兴，于是，匆匆忙忙跑回家对妻子说：

第八章 勘破生死,珍爱生命

"亲爱的,我有家产了。"妻子问:"什么家产,你的家产在哪里?"

他高兴地举起鸡蛋说:"这是我的家产啊,但是,这需要花10年的工夫,这样家产才会备齐。"

妻子很纳闷,说:"什么意思?"

他回答说:"咱们可以借用邻居的母鸡来将这个鸡蛋进行孵化,一旦有了小鸡,咱们就不用发愁了。咱们可以继续孵化小鸡,小鸡长大后,不断生蛋,然后,咱们不断孵化小鸡。假如一个月能孵化出15只小鸡,那么两年之内,咱们就可以赚得10两金子。然后,我用这10两金子买母牛,母牛又可以生小牛,这样,我们就可以得到很多的金子了。然后,我们再拿这些金子去放债,那么,我们的钱就会源源不断地流入了,我们就可以过上幸福的生活了。然后,我们就可以买奴仆,让他们服侍我们,然后我还可以买小老婆,这样,我们的生活就很滋润舒服了。"

妻子听后,十分生气,一巴掌向丈夫打过去,然后,拿起鸡蛋摔在地上。

试看,在这个故事中,为什么妻子对丈夫的想象十分生气,很重要的一个原因,是丈夫为没有得到手的财富而幻想,而妻子却为丈夫不能立足当下,空想未来而生气,这着实十分可笑。

然而,不知大家是否想过,其实人生的很多困惑就是因为缺少立足当下的精神而产生的,他们总是沉浸在过去的美好中,或者沉醉在对未来的畅想中,而往往对当下却感悟甚少,这就是造成人们总是会产生种种困惑的根源。

所以,庄子老先生以自己妻子的死来告诫世人活在当下的道理。即使你身边最亲的人离你而去,你需要做的不是悲伤,因为这毕竟已经成了事实,你需要的是要思考当下的生活,既不回避,也不逃离,以坦然的态度来面对人生。

人活在当下，应该放下过去的烦恼，舍弃未来的忧思，顺其自然，应把全部的精力用来承担眼前的这一刻，倘若不能珍惜今天，也就无法向往明天。

【专访总结】

人生苦短，生命的过程，就是消费时间的过程，在时间和生死面前最伟大的人也无逆转之力。我们无法买进，也无法卖出，我们只有选择利用，其价值在于我们利用的方式。

专访六十四：把生命当做一次快乐的旅行

【引子】

长梧封人问子牢曰："君为政焉勿鲁莽，治民焉勿灭裂。昔予为禾，耕而鲁莽之，则其实亦鲁莽而报予；芸而灭裂之，其实亦灭裂而报予，予来年变齐，深其耕而熟耰之，其禾繁以滋，予终年厌飧。"

庄子闻之曰："今人之治其形，理其心，多有似封人之所谓，遁其天，离其性，灭其情，亡其神，以众为。故鲁莽其性者，欲恶之孽，为性萑苇蒹葭，始萌以扶吾形，寻擢吾性，并溃漏发，不择所出，漂疽疥痈，内热溲膏是也。"

——《庄子·则阳》

长梧地方守护封疆的人对子牢说："你处理政事不要太粗疏，治理百姓不要太草率。从前我种庄稼，耕地粗疏马虎，而庄稼收获时也就用粗疏马虎的态度来报复我；锄草轻率马虎，而庄稼收获时也用轻率马虎的态度来报复我。我来年改变了原有的方式，深深地耕地，细细地平整，禾苗繁茂果实累累，我一年到头不愁食物不足。"

第八章 勘破生死，珍爱生命

庄子听了后说："如今人们治理自己的身形，调理自己的心思，许多都像这守护封疆的人所说的情况，逃避自然，背离天性，泯灭真情，丧失精神，这都因为粗疏鲁莽所致。所以对待本性和真情粗疏鲁莽的人，欲念与邪恶的祸根，就像萑苇、蒹葭蔽遮禾黍那样危害人的本性，开始时似乎还可以用来扶助人的形体，逐渐地就拔除了自己的本性，就像遍体毒疮一起溃发，不知选择什么地方泄出，毒疮流浓，内热遗精就是这样。"

【专访】

《庄子·则阳》里用长梧封人与子牢的对话来说明人要带着快乐去享受人生。就像上文中说的，从前我种庄稼，耕地粗疏马虎，而庄稼收获时也就用粗疏马虎的态度来报复我；锄草轻率马虎，而庄稼收获时也用轻率马虎的态度来报复我。我来年改变了原有的方式，深深地耕地、细细地平整，结果禾苗繁茂，果实累累，我一年到头不愁食品不足。所以，生命对每个人来说都是一次快乐的旅行，每个人都应当以快乐来感受自己的人生，以快乐的心态来看待生与死。

在庄子先生的生命哲学中，他把生死理解成是一种循环，生对死来说是一种酝酿，而死是一种结束，是一种表演的落幕。这就如同表演一样，生是我们的生命带着一种面具在这个舞台上演绎，而死则是将这种面具摘下，演绎的谢幕，等观众商量好要看你什么样的表演时，你的生命就复苏了，此时一个新的生又开始了。在这个舞台上，每一个人既是观众也是演员。我们各自上演着各自的剧情，彼此看着彼此。

世人突破生死是很难的，因为一个人活在世界上，最在乎的往往是死亡的问题。

庄子从自己的哲学理念里来解释生死问题，是十分轻松自如的。庄子认为人是由宇宙大道演化而来的，是道在世间的具体体现形式。世间的所有生命都是宇宙演变过程中的一瞬间，所以，人的生与死基本上不存在差别。既然生死没有差别，那么，一个人的生命存在着也就根本称不上是什么乐事，死亡了也就没有必要悲哀。因而，最为明智的人生态度就是自然而然地活着，不要有什么非分之想，也用不着为活在世上而庆幸；如果死去了，你就自然而然地回归，用不着为离开人生而苦恼，也不要有太多的留恋。如果世人在思想上能够认识到这一点，那就是人生的大智慧；如果世人在行动上能够做到这一点，那你的一生就会有永远的快乐；如果世人对自己、对他人都这样认识，都这样对待，那就会坦然一生，无忧无虑，并具有了达到圣人境界的潜质。

庄子自己将死之时，他的几个学生很难过，计划要好好地替他办个丧事。

庄子说："何必把我埋葬了呢？天地就是我的棺材，日月星辰就是我棺材上的装饰，我死之后把我往荒野一丢就好了。"

学生说："这样不行，天上的老鹰会把你吃掉，怎么办？"

庄子说："把我埋在地下，蚂蚁也会把我吃掉。你们把我从老鹰口中抢过来，送给蚂蚁吃，这对我来说并没有什么区别。"

由此可见，庄子确已将生死看作是大气运行的一种过程而已，能看透这一点是何等不容易！

浩瀚的宇宙间，包罗万象，茫茫天地中，日月行天，江河行地，不可违背的自然法则使人类认识了许多事物的对立。既然有生，那就有死。

死亡并不是多么难以遇到的事情，在生活中随时都可能发生。试看，生活中的车祸、战争、疾病、谋杀、自杀、天灾，还有就是寿尽灯灭，这些不都是死亡的一种形式吗？然而，世间的人们却总是对生产生一种自然感，而对死却会产生一种无比的畏惧，也正是这个原因，很多人惧怕死亡，他们希望自己长生不老，比如历代的很多帝王，他们都希望自己永久地生活在这个世界上，永久地成为统治者，永久地成就自己的霸业，所以才会有了历代的皇帝千辛万苦地寻找"不老仙丹"。其实，无论是古代帝王，还是普通百姓，每个人的生命都是相同的，后期之所以会产生种种差异，主要就是在生命成长的过程中，人受到外界环境的影响而发生了变化。所以，生命所演绎的就是一种过程。因此，我们应该意识到活着是幸福，活着就应该感恩，活着就应该尽责，活着就应该付出，为了自己的亲人，为社会……把生命当做是一次快乐的旅行。

【专访总结】

人尽其材，物尽其华，我们在有生之年，应敬其该敬之人，爱其该亲之人，为人自不离其道，贫穷而不气馁，富贵而不骄纵，处世不欺自心，把握好我们命运的机缘，让生命大放异彩，哪怕我们是平庸之辈，让我们对自己的爱人，和自己的亲人，付出我们的爱，别吝啬，否则将遗憾延续下去，直到死亡，那将悔之晚矣。不管生与死之间的距离是多少，只要活得心安理得，问心无愧，何怕和死神相遇！更何况生死不由人。

专访六十五：世间并无永恒

【引子】

朝菌不知晦朔，蟪蛄不知春秋。

——《庄子·逍遥游》

早上出生，晚上就枯死的的菌芝，不会知道一个月的时光；春生夏死，夏生秋死的蝉，不会知道一年的时光。

【专访】

每个人的一天都有 24 小时，这是天赋的本钱，富人不会多一些，而穷人也不会少一些，这更可以称得上是一个人最初的原始资本。所以，所谓生死，只是生命的两端，生与死之间不过是一种形态的转化。

死是生命的一种变化状态，当它向你走来的时候，你应该面对它，做到洒脱、自然。

庄子举一个故事来说明生和死。

有一个美女，名字叫丽姬，她的父亲是一个边疆官。她从小在边疆地区生活，从未见过城市的繁华，也从没有享受过这种美好。

然而，在晋国的国君到边疆去视察的时候，却发现了这位美女，于是，要娶她为妻，带她回宫。丽姬从小在父母身边长大，第一次离开父母，她十分伤心，一路以泪洗面，来到了京城。然而，当她到达皇宫之后，她才发现，原来在这里可以跟国君一起睡又大又舒服的床，而且每顿饭都可以吃到很多很丰富的佳肴。这种生活是她以前在边疆生活中从未有过的。此刻，她后悔，为什么自己当初要哭。

孔子说过，未知生焉知死，也就是说想要知死，先要懂得生。

每个人对生命的解读不同，对事物的看法就会完全不同。我们常常会发现，即使在同一个社会环境中，在同一件事情里，不同的人会产生完全不同的看法。

有一对兄弟，他们的家住在 40 层楼上。有一次他们外出去探亲，回家时发现大楼电梯坏了。无奈之下，两个人只好背着行李开始爬楼梯，爬到 10 楼的时候，他们有些累了。哥哥说："我们这样带着行李爬楼梯很浪费体力，不如我们把包放在这里，等电梯修好再来拿。"弟弟觉得有道理。于是，他们把行李放在了 10 楼，继续往上爬。

放下了行李，他们感到爬起楼梯来轻松了很多，然而，轻巧只是暂时的，路可是漫长的，所以刚刚爬到了 20 楼，两个人已经累得呼呼直

第八章 勘破生死,珍爱生命

喘了。于是,兄弟二人感到很伤脑筋,两个人因此而争吵起来,他们边吵边爬,就这样一路爬到了 30 楼。到了 30 楼,他们累得连张嘴的力气也没有了。弟弟对哥哥说:"别吵了,还是省点力气继续爬完吧。"于是他们默默地继续爬楼,终于 40 楼到了!兄弟俩兴奋地来到门前,一屁股坐在地上,正找钥匙,却发现钥匙被他们落在了 10 楼的行李包里了……

这个故事包含了人生中耐人寻味的哲理,从这个故事中,我们可以看出人生可以被规划为四个时期。第一个时期就是在父母和长辈的关怀下成长的时期,此时,一个人思想还不够开阔,处于朦胧意识之中。第二个时期就是脱离父母,卸下父母给你增加的包袱,积极踊跃地追求自己梦想的时期,也就是故事中兄弟两人爬到第 10 层楼的时候。第三个时期就是追悔、抱怨的时期,这个时期,青春已经过去,一个人开始反思自己过去的岁月,会发现自己失去的很多,虚度了很多,荒废了很多,也错过了很多,于是,开始抱怨,也就是故事中到 30 层楼梯的时候。第四个时期就是珍惜生命、珍惜时光的时期,这时所有的一切不如意都已经过去,开始坦然面对人生,然而当人生走到终点的那一刹那,却发现原来自己从前所有的抱怨、所有的蹉跎都是因为自己在第二个时期时错过的,可是时间不等人,生命已经到了终点,你已没有机会再去弥补,也就是故事中到 40 层楼梯的时候。

所以,人应当参悟透生死的自然现象,进而参悟透人生的真理,从而更加明智地规划出自己的人生。

【专访总结】

人生短暂,如同白驹过隙,能够看轻生死,不为其所困就能从人生的痛苦与束缚中解脱出来,获得心灵的自由与快乐。而一旦一个人将生死看透了,那么,这个人就该知道如何去规划人生了。

专访六十六：珍重生命

【引子】

吹呴呼吸，吐故纳新，熊经鸟申，为寿而已矣。此道引之士，养形之人，彭祖寿考者之所好也。

——《庄子·刻意》

嘘唏呼吸，吐却胸中浊气吸纳清新空气，像黑熊攀缘引体，像鸟儿展翅飞翔，算是善于延年益寿罢了。这样做乃是舒活经络气血的人，善于养身的人，正是像彭祖那样寿延长久的人所一心追求的。

【专访】

如今伴随着生活节奏的加快，人们的工作和生活压力也随之加快，似乎"累"成了越来越多人的口头禅，因此，很多人的健康也出现了问题，甚至有的人亮起了红灯。然而，为什么会出现这种情况呢？用庄子的话说，就是不善于处理"物我"的关系。很多人为了"物"而玩命地工作，殊不知这是在透支自己的生命。

人们经常说："年轻时候拿命换钱，年老了拿钱换命。"这的确应该引起人们的重视。

我们都希望生活十分美好，没有人愿意看到自己变老的信号，或者任何衰老的迹象。人们都尽可能地保持年轻、快乐和健康，然而相当多的人都没有留意保持他们的青春和活力。他们破坏健康的规则和长寿的规则，把生命浪费在愚蠢、不合自然规律的生活和堕落的习惯中。同时他们还不明白为什么他们的能量在消逝。滥用能量和浪费精力必定会受到应有的惩罚，只有控制得很好的生活才能长寿。如果我们把花在挣钱、

第八章　勘破生死,珍爱生命

积累财富上的努力花在保持我们的青春活力上,我们可以活上一个世纪。

一个人就像一个闹钟,如果得到正确的保护,将走得很准,而且能用一个世纪;但是如果不注意保护,随便滥用的话,它将很快就失去了正常的秩序,越来越疲劳,寿命将大大地被缩短。很奇怪的是,尽管我们如此珍视生命、渴望延长我们的生命,但还是由于错误的生活方式或者想法而使生命在碌碌无为中溜走,浪费了很多的好时光。

我国台湾地区作家吴淡如说:"没有任何东西比你自己的身体值钱。对自己好一点,并不浪费。记住这一点,才有资格好命。"因此,我们要重视自己的健康,重视自己的生命。

但"重生则轻利",也就是说,现代人追求生活品质和财富花费了太多的时间和精力,许多人在功名利禄的巨大诱惑下失去了心灵平衡,有些人储蓄财富的同时,也在不断地透支着生命。由于对健康的无知而毁了自己生命的事例,实在是太多了。然而,以生命为代价的发财致富,有什么意义呢?这只能平添自己的烦恼而已。

当然,庄子强调养生,并不是说让你过分地去照顾生命,如果生命养得太好,也很容易出问题,庄子先生强调的仅仅是一种适中。

庄子曾说过这样一段话,他认为,比较合适的养生方法就是让你跟牧羊人一样,看谁在后边就用鞭子抽打它,让他前行。这是什么意思呢,主要就是说要保持身体的平衡。也许很多人此刻已然十分茫然,其实道理很简单。比如,一个人在放羊的时候,你仅仅注意前面的羊是没有用的,因为,它已经走在前面了,你还需要注意它什么呢。你的注意力应该集中在后面的羊身上,让它加快脚步,赶上前面的羊。养生就是这个道理。

对于此,庄子先生还讲述了一个这样的故事。

他说,鲁国有一个人叫单豹,十分喜爱养生,他一个人独居在深山中,不和外人往来,生活十分清静,平时也仅仅是以清水为生,谷类食物都不吃，就这样，他活到70多岁的时候，依然保持着孩子般红润的面容，而且身体也很好。但不幸的是，一天，在深山中，他遇到了老虎，结果被老虎吃掉了。

还有一个人叫张毅，他对升官发财有着十分热切的渴求，所以，只要是有钱或者有权的人家，他都会去前往拜访。不幸的是，在他仅仅40多岁的时候，就患上了热病，死掉了。

然而，这两个故事说明了什么呢？一个是虽然活到了70多岁，但是因为其远离人群，所以，在他遇到危险的时候，也没有人去救他。这就说明，一个人不要过分地走极端，将自己外界隔绝。这样，一旦你遇到危险，那么，根本没有人会来救你。相反，一个人也不要过分地执著于与他人的交往，这样会让你的身心十分疲倦，以至于给自己造成更大的伤害。而庄子所提倡的养生观就是如此，既不要过分执著，也不要过分冷淡，要保持身心平衡，就需要像牧羊人一样，仅仅让后面的羊赶上就好了，保持身心稳定，这样才能达到较好的效果。

那么怎样才能适度养生呢？我们应当注意以下几点。

（1）养勿过偏，综合调养要适中。有人把"补"当作养，于是饮食强调营养，食必进补；起居强调安逸，静养唯一；此外，还以补养药物为辅助。虽说食补、药补、静养都在养生范畴之中，但用之太过反而会影响健康。正如有些人食补太过则会出现营养过剩；过分静养只逸不劳则会出现动静失调；若药补太过则会发生阴阳偏盛偏衰，使机体新陈代谢产生失调而事与愿违。

（2）运动适度。运动是生命之源，运动过度伤身，运动不足无效。倘若闭门守舍，足不出户，缺少锻炼，必将导致精神不振，头昏眼花，食欲下降。如果锻炼强度过大，超负荷进行力不从心的运动，则会影响健康。动静结合乃是养生妙法。

（3）营养适度。营养是生命之本。医学专家认为："均衡饮食才是

第八章 勘破生死，珍爱生命

强健体魄的关键。"营养过剩易因胖得病，营养不足则体弱易病。合理的膳食结构是：高蛋白、低脂肪、多维生素、少食糖、高纤维、限盐量。三餐质量：早好、午饱、晚少。

（4）情绪适度。经常保持乐观平衡稳定的情绪。勿过喜，防乐极生悲；勿过悲，过悲是生病祸根。马克思说过："一种美好的心情，比十副良药更能解除生理的疲惫和痛楚。"这就告诉人们，好的精神状态，是可以转化为获得长寿的物质力量的。

（5）睡眠适度。睡眠过多或不足，都会疲倦。日本一项 10 万人参加、历时 10 年的大规模跟踪调查表明，每天睡 7 小时的人最长寿。名古屋大学的专家们在新一期美国睡眠协会会刊上撰文说，不论男女每天睡 7 小时最合适，睡得越多死亡率越高，睡得越少死亡率也越高。

（6）动脑适度。退休后的老人，长期不用脑，脑细胞退化则快，易患老年痴呆症；但用脑过度，脑细胞会因缺乏能量，而逐渐丧失功能。这正是"用进废退"的道理。

（7）用药适度。是药皆有毒，无论治病药还是保健药都有副作用。用药千万别自作主张，随便增减，务必遵医嘱，按时定量，才能恰到好处，获取祛病健身的最佳效果。

《庄子·让王》中说："能尊生者，虽富贵不以养伤身。虽贫贱不以利累形。"这句话的意思是，能珍重生命的，虽然富贵也不因供养之物而伤害生命，虽然贫贱也不因眼前利益而牵累身躯。这是养生的大智慧。

【专访总结】

生活在现代社会的人们，在享受科技进步带来的方便及优越的同时，也面临着严酷的生存挑战。职场竞争、工作压力、生活操劳……让人感到身心疲惫，力不从心。在紧张的工作之余的你，不妨从这里开始，从现在开始，放松自己的身体，憩息自己的心灵，从内到外来提高自己的身体健康。